essentials

Essentials liefern aktuelles Wissen in konzentrierter Form. Die Essenz dessen, worauf es als „State-of-the-Art" in der gegenwärtigen Fachdiskussion oder in der Praxis ankommt. Essentials informieren schnell, unkompliziert und verständlich.

- als Einführung in ein aktuelles Thema aus Ihrem Fachgebiet
- als Einstieg in ein für Sie noch unbekanntes Themenfeld
- als Einblick, um zum Thema mitreden zu können.

Die Bücher in elektronischer und gedruckter Form bringen das Expertenwissen von Springer-Fachautoren kompakt zur Darstellung. Sie sind besonders für die Nutzung als eBook auf Tablet-PCs, eBook-Readern und Smartphones geeignet.

Essentials: Wissensbausteine aus Wirtschaft und Gesellschaft, Medizin, Psychologie und Gesundheitsberufen, Technik und Naturwissenschaften. Von renommierten Autoren der Verlagsmarken Springer Gabler, Springer VS, Springer Medizin, Springer Spektrum, Springer Vieweg und Springer Psychologie.

Ralf T. Kreutzer

Internal Branding

Ein zentraler Baustein des Corporate Reputation Managements

Prof. Dr. Ralf T. Kreutzer
Berlin
Deutschland

ISSN 2197-6708   ISSN 2197-6716 (electronic)
ISBN 978-3-658-06888-2   ISBN 978-3-658-06889-9 (eBook)
DOI 10.1007/978-3-658-06889-9

Die Deutsche Nationalbibliothek verzeichnet diese Publikation in der Deutschen Nationalbibliografie; detaillierte bibliografische Daten sind im Internet über http://dnb.d-nb.de abrufbar.

Springer Gabler
© Springer Fachmedien Wiesbaden 2014

Springer Gabler ist eine Marke von Springer DE. Springer DE ist Teil der Fachverlagsgruppe Springer Science+Business Media
www.springer-gabler.de

Was Sie in diesem Essential finden können

- Die Darstellung und Erklärung von Internal Branding als ganzheitlicher Führungsansatz.
- Konzepte zur Schaffung des Internal Branding mit praxisorientierten Handlungsempfehlungen.
- Das SIIR-Modell als Prozess zum Aufbau des Internal Branding sowie die eingehende Erläuterung der Instrumente Führung, Personalmanagement und Kommunikation zur praktischen Umsetzung des Modells.
- Die Darstellung von verschiedenen Instrumenten wie z. B. Brand Books, Brand Cards und Brand Academy.
- Key Performance Indicators, die für das Controlling des Internal Branding eingesetzt werden können.

Vorwort

Dieser Beitrag stammt aus dem Werk „Corporate Reputation Management", herausgegeben von Cornelia Wüst und Prof. Ralf T. Kreutzer (2012), das sich mit dem Reputation Management als Denkhaltung und der Notwendigkeit zum Dialog mit internen und externen Stakeholdern befasst. Ausgewiesene Experten zeigen, dass ein ganzheitlich im Unternehmen verankertes Reputation Management Vertrauen aufbaut und Reputation langfristig unverzichtbar ist für die Wertschöpfung einer Organisation. Das Werk richtet sich an Unternehmer, Vorstände und Führungskräfte, HR- und Kommunikationsverantwortliche sowie Berater.

Der folgende Beitrag befasst sich im Speziellen mit der Kennzeichnung und dem Konzept zur Schaffung des Internal Branding als zentralem Baustein des Corporate Reputation Management.

Einleitung

Im ersten Kapitel des folgenden Beitrags wird dargestellt, was Internal Branding bedeutet und beinhaltet und warum es von essentieller Bedeutung für das Corporate Reputation Management ist. Im zweiten Kapitel werden darauffolgend die Instrumente zum Aufbau des Internal Branding genauer erläutert und mit praktischen Anwendungsbeispielen unterlegt. Außerdem werden Controlling-Instrumente aufgezeigt, mit deren Hilfe Unternehmen den Prozess des Internal Branding stetig überwachen und gegebenenfalls korrigieren können.

Inhaltsverzeichnis

Kennzeichnung von Internal Branding 1

Internal Branding strebt als **ganzheitlicher Führungsansatz** an, dass sich die Mitarbeiter und Führungskräfte eines Unternehmens nicht nur in hohem Maße kunden- und vertriebsorientiert, sondern auch markenkonform verhalten (vgl. Abb. 1.1). Aufgrund dieser Markenausrichtung wird teilweise auch von **Behavioral Branding** gesprochen. Zur Erreichung dieses Zieles sind die Handlungsfelder Führung, Personalmanagement, Kommunikation und Systeme in spezifischer Form auszugestalten. Hierdurch soll die Entstehung eines Brand Behavior, d. h. eines an den Markenerfordernissen ausgerichteten Verhaltens erreicht werden (vgl. grundlegend Schmidt, H. J. 2007; Tomczak et al. 2008; Kernstock 2008; Wentzel et al. 2008). Unverzichtbar ist dabei die Ergänzung der Markenausrichtung um die beschriebene Kunden- und Vertriebsorientierung, die in vielen Management- und Marketing-Ansätzen m. E. noch deutlich zu kurz kommt. Während Internal Branding somit die Managementaufgabe adressiert, stellt Brand Behavior das Ergebnis aller Internal Branding-Maßnahmen dar und fungiert folglich als zu überprüfende Zielgröße (vgl. Forster et al. 2008, S. 280). Im Ergebnis soll eine einheitliche Darstellung der Marke über alle **Customer-Touch-Points** (Kundenkontaktpunkte) erreicht und der Erfolg der Marke nachhaltig gestärkt werden (vgl. Tomczak et al. 2005, S. 28).

Die regelmäßig vom *Gallup-Institut* durchgeführten repräsentativen empirischen Studien zum **Employee Engagement** haben für 2013 hat ergeben, dass **84 %** der knapp 34 Mio. Arbeitnehmer in Deutschland **keine echte Verpflichtung** gegenüber ihrer Arbeit verspüren. Dabei fühlen sich **67 % kaum an ihr Unternehmen gebunden** und **17 %** haben ihre **innere Kündigung** bereits vollzogen (vgl. hierzu und im folgenden Gallup 2014, sowie Hartmann 2012). Damit erreicht der Anteil der Beschäftigten mit einer geringen oder keiner emotionalen Bindung an

© Springer Fachmedien Wiesbaden 2014

R. T. Kreutzer, *Internal Branding,* essentials, DOI 10.1007/978-3-658-06889-9_1

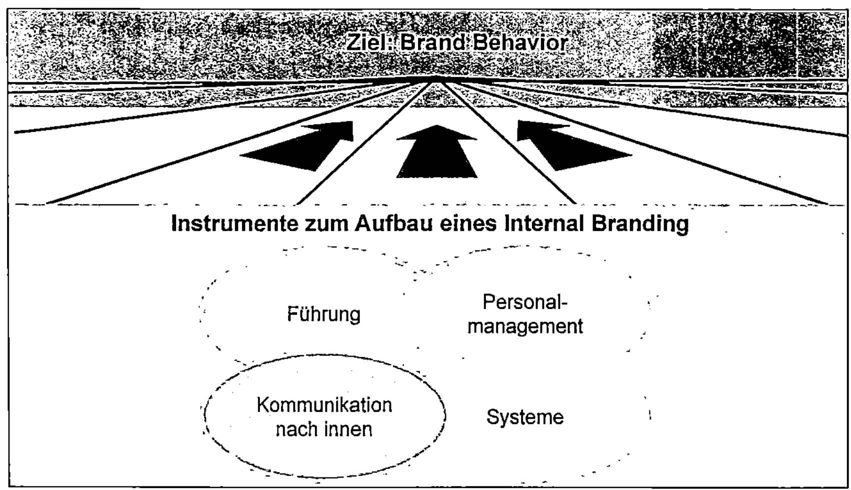

Abb. 1.1 Konzept des Internal Branding zur Erreichung eines Brand Behavior

ihren Beruf in Deutschland ein erschreckend hohes Niveau (vgl. Abb. 1.2). In den neuen Bundesländern liegt der Anteil der Arbeitnehmer ohne emotionale Bindung sogar bei 24 % (im Vergleich zum Bundesdurchschnitt der oben genannten 17 %; vgl. Gallup 2014, S. 12).

Wie sich der **Engagement Index** in Deutschland von 2001 bis 2013 entwickelt hat, zeigt Abb. 1.3. Vergleicht man die Ergebnisse von *Gallup* aus den Jahren 2001 bis 2013, so wird deutlich, dass es sich beim Ausmaß der emotionalen Bindung an den eigenen Arbeitgeber um kein temporäres Problem handelt. Die **Werte zur Höhe der emotionalen Bindung** haben sich im Zeitablauf vielmehr auf niedrigem Niveau stabilisiert. Die **Werte zur geringen bzw. zur fehlenden emotionalen Bindung** halten sich seit Jahren tendenziell steigend auf hohem Niveau – und das trotz teilweise schwieriger wirtschaftlicher Lage.

Vergleich man die Werte des Engagement Index in Deutschland mit anderen Ländern, dann zeigt sich, dass mit dem Wert bei der hohen emotionalen Bindung von 13 % ein Mittelplatz erreicht wurde (vgl. Abb. 1.4). Weit überdurchschnittliche Werte erreichen die USA, die Schweiz und Österreich, während eine hohe emotionale Bindung in Ländern wie China, Singapur und Tschechien mit Werten von 2 bzw. 3 % fast ganz fehlt.

Die Erkenntnisse über das Ausmaß der inneren Kündigung bzw. der emotionalen Unverbundenheit der Mitarbeiter mit dem eigenen Unternehmen haben bisher kaum konzeptionelle Prozesse angestoßen. Nach wie vor werden in den Unternehmen andere Schwerpunkte gesetzt. Dabei bedeutet die emotionale Ungebunden-

Von je 100 Beschäftigten in einem durchschnittlichen Unternehmen weisen eine

hohe emotionale Bindung, geringe emotionale Bindung und keine emotionale Bindung auf:

16 Personen 67 Personen 17 Personen

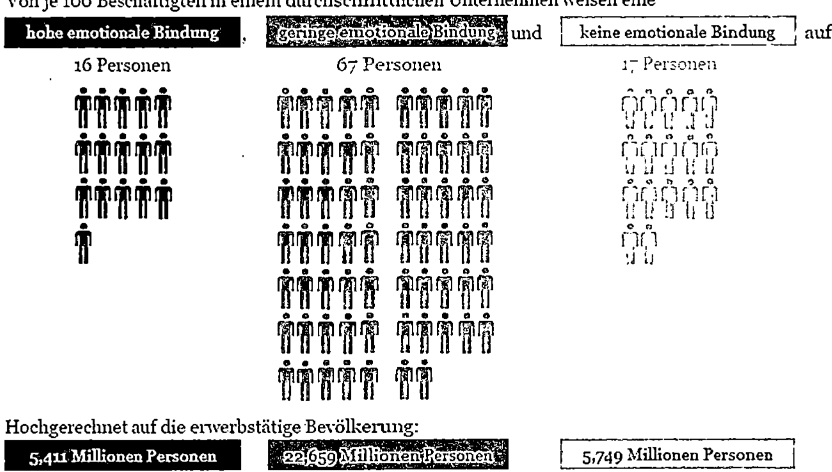

Hochgerechnet auf die erwerbstätige Bevölkerung:

5,411 Millionen Personen 22,659 Millionen Personen 5,749 Millionen Personen

Abb. 1.2 Ergebnisse des Engagement Index von *Gallup* für Deutschland im Jahr 2013 (Grundlage: 33,819 Mio. Erwerbstätige ab 18 Jahre (ohne Selbständige, mithelfende Familienangehörige) im Jahr 2012; Basis: Arbeitnehmer/-innen ab 18 Jahre (n=1.368). (Quelle: Gallup 2014, S. 10)

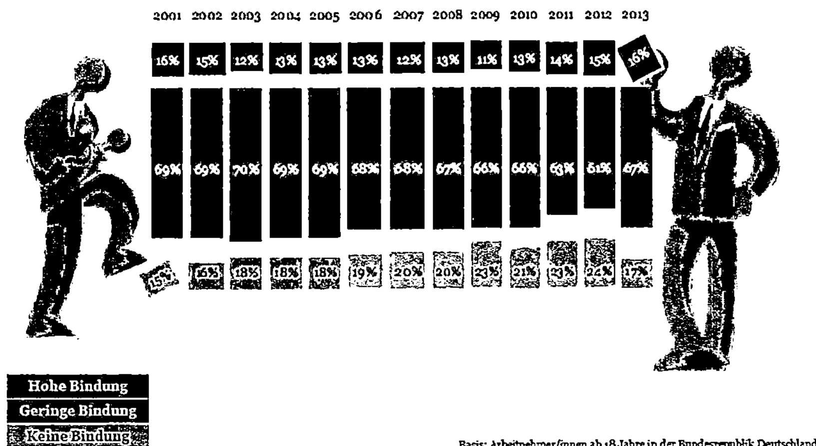

Abb. 1.3 Entwicklung des Engagement Index von *Gallup* in Deutschland von 2001–2013. (Quelle: Gallup 2014, S. 13)

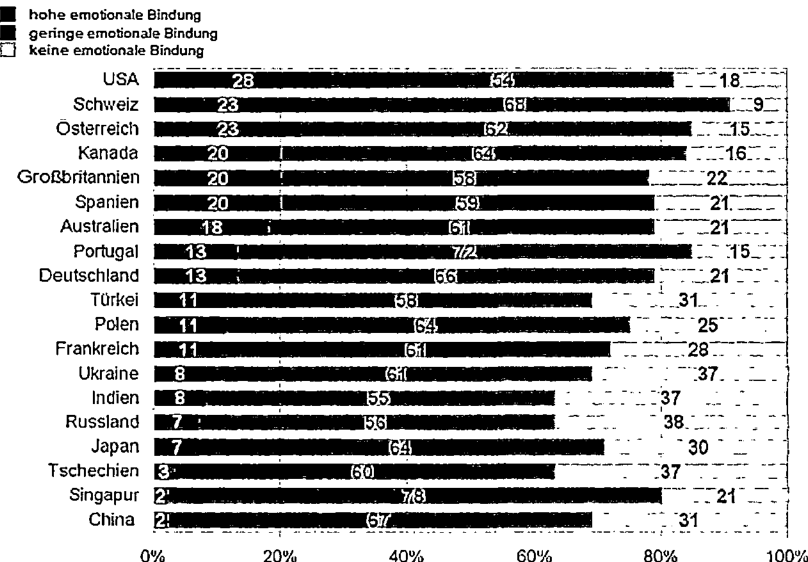

Abb. 1.4 Entwicklung des Engagement Index 2010 im internationalen Vergleich. (Quelle: Gallup 2011, S. 1)

heit der Mitarbeiter nichts anderes, als dass es auf breiter Front zum **Bruch des „psychologischen Arbeitsvertrages"** gekommen ist, der die unausgesprochenen Erwartungshaltungen, Hoffnungen und Wünsche der Parteien beinhaltet (vgl. vertiefend Brinkmann und Stapf 2005; Gössing 2005). Das Ergebnis ist eine **Verweigerungshaltung der Mitarbeiter,** wodurch deren Leistungsniveau deutlich und nachhaltig unter dem vorhandenen Potenzial bleibt. Gallup (2014, S. 11) schätzt die aufgrund von innerer Kündigung entstandenen **volkswirtschaftlichen Kosten** auf einen Betrag zwischen 98,5 und 118,4 Mrd. €. Zum einen fehlen Mitarbeiter ohne emotionale Bindung im Vergleich zu denen mit hoher Bindung deutlich häufiger (7,2 zu 4,1 **Fehltage).** Zum anderen präsentieren sie deutlich weniger **Verbesserungsvorschläge** (4,2 zu 6,1 Vorschlägen innerhalb der letzten sechs Monate). Bei der Mund-zu-Mund-Propaganda sind die Mitarbeiter mit geringer emotionaler Bindung ebenfalls deutlich zurückhaltender, wie die Werte 14 zu 86 % bei der **Weiterempfehlungsabsicht bei den eigenen Produkten/Dienstleistungen** bzw. bei der **Weiterempfehlungsabsicht bzgl. des eigenen Arbeitgebers** von 4 zu 66 % zeigen. Auch die **Fluktuationsneigung** ist bei den emotional nicht gebundenen Mitarbeitern deutlich erhöht (Gallup 2013, S. 17, 26; Gallup 2014, S. 19, 21).

In welches Ausmaß der Grad der **Kundenorientierung** durch die Höhe der emotionalen Bindung beeinflusst wird, zeigt Abb. 1.5. Durch die hier ausgewie-

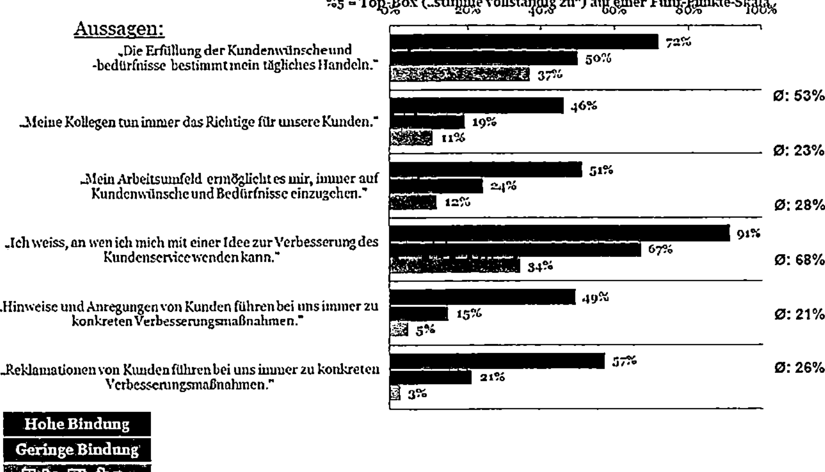

Abb. 1.5 Kundenorientierung 2013 in Deutschland nach dem Grad der emotionalen Bindung – in % (Basis: Arbeitnehmer mit regelmäßigem, direktem Kundenkontakt, d. h. mindestens einmal wöchentlich; 70 % aller Arbeitnehmer arbeiten an einem Arbeitsplatz mit direktem Kundenkontakt, wobei 90 % diesen mindestens mehrmals in der Woche haben). (Quelle: Gallup 2014, S. 22)

senen Werte wird deutlich, dass eine Bindung der Mitarbeiter an ihr Unternehmen die unverzichtbare Voraussetzung für eine gelebte Kundenorientierung und damit für den Aufbau einer positiven Corporate Reputation in diesem Bereich darstellt.

Wenn Unternehmen eine **strategische Weiterentwicklung und Differenzierung im Wettbewerb** anstreben, mit der nachhaltiges und profitables Wachstum erreicht werden soll, darf m. E. nicht länger vernachlässigt werden, dass ein wichtiger Erfolgsfaktor in den Mitarbeitern und Führungskräften zu sehen ist. Diese müssen die unternehmerische Ausrichtung und die dieser zugrunde liegenden Werte mit Leben füllen. Gleichzeitig werden Mitarbeiter aufgrund der zunehmenden Bedeutung von Dienstleistungen einen immer größeren Anteil an der Unternehmenswertschöpfung erbringen, da sich die etablierten Industrienationen immer stärker zu **Dienstleistungsgesellschaften** entwickeln. Im Jahr 2012 waren von den 41,55 Mio. Erwerbstätigen in Deutschland 30,65 Mio. im Dienstleistungssektor beschäftigt. Dies entspricht einem Anteil von 73,7 %. 1991 lag dieser Anteil bei ungefähr gleich hoher Erwerbstätigenzahl noch bei 60,9 % (vgl. Statista 2013a, b, 2014; Statistisches Bundesamt 2014).

Das bedeutet nichts anderes, als dass Mitarbeiter und Führungskräfte als zentrale Ressource im Unternehmen eine immer größere Bedeutung erlangen, weil diese in

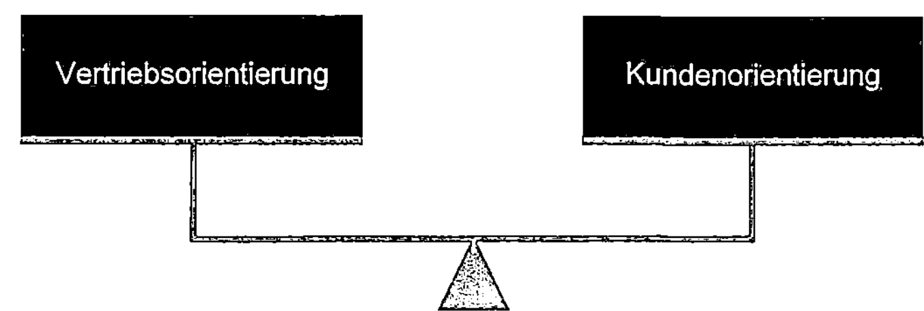

Abb. 1.6 Sicherstellung einer Ausgewogenheit zwischen Vertriebs- und Kundenorientierung

den **Wertschöpfungsprozess am Kunden** viel intensiver eingebunden sind. Hieraus resultiert zunächst die Notwendigkeit, dass das Personal sowohl eine Kunden- wie auch eine Vertriebsorientierung aufweisen muss (vgl. Abb. 1.6). Eine **Kundenorientierung** mit dem alleinigen Ziel, „die Kunden glücklich zu machen", greift für gewinnorientierte Unternehmen zu kurz. Diese Kundenorientierung ist in eine Balance mit der **Vertriebsorientierung** zu bringen. Deshalb sind alle Maßnahmen, die im Kontext der Personalpolitik erbracht werden, daraufhin zu analysieren, ob sie einen **Beitrag zu den ergebnisorientierten Zielen des Unternehmens** leisten.

Ein weiterer Faktor, der die Relevanz des Internal Branding verstärkt, ist die zunehmende Notwendigkeit, sich bei immer ähnlicher werdenden Angeboten über die **Dienstleistungsqualität** im Wettbewerb zu differenzieren (vgl. vertiefend Haller 2010, S. 44–53 Homburg und Krohmer 2009, S. 933–947). Deshalb ist es m. E. an der Zeit, die Führungskräfte und Mitarbeiter selbst stärker zur Erreichung einer Uniqueness im Markt um zu nutzen. Der Ansatzpunkt hierfür ist die **Unique Passion Proposition** (UPP; vgl. Abb. 1.7). Hierbei geht es um die Zielsetzung, das Leistungsangebot, sei es eine Marke, ein konkretes Produkt oder eine Dienstleistung, in den Augen der Kunden dadurch aufzuwerten, dass die **Leidenschaft** der dahinter agierenden Menschen sicht- und erlebbar wird. Vielleicht gelingt es sogar, ein ganzes Unternehmen als **„passion-driven"** auszurichten. Die Abgrenzung zum immer schwerer zu erreichenden USP (Unique Selling Proposition) gelingt dadurch, dass bei der UPP **keine „Facts and Figures"** zur Dokumentation der Überlegenheit ins Feld geführt werden können, sondern dass es eher um den „Spirit" geht, der hinter einem Leistungsangebot steht. Insoweit ist eine UPP auch wesentlich mehr als eine UAP (Unique Advertising Proposition), die allein auf der kommunikativen Schiene aufsetzt (vgl. weiterführend Kreutzer 2010, S. 134 f.).

Wird dieser **Spirit** für den Interessenten oder Kunden sichtbar, so kann seine Kaufentscheidung dadurch positiv beeinflusst werden gemäß des Mottos: „Wenn sich die Mitarbeiter für ihr Unternehmen, ihre Marke, ihr Produkt so ins Zeug legen, dann muss es ja etwas sein!" Auf diese Weise kann Unsicherheit im Kaufentscheidungsprozess reduziert werden. Eine UPP ist allerdings erst dann erreicht,

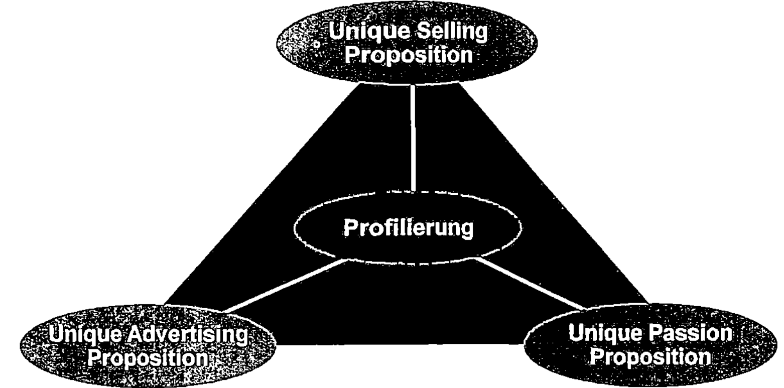

Abb. 1.7 Ansatzpunkte zur Erreichung von Uniqueness

wenn **in den Augen der Zielgruppe** deutlich wird, dass hinter einem Unternehmen, einer Marke oder einer Dienstleistung ein **leidenschaftliches Agieren** steht, welches sich in verschiedenen Dimensionen konkretisieren lässt:

- Leidenschaft, für den Kunden eine exzellente Dienstleistung zu erbringen
- Leidenschaft, das beste Produkt auf den Markt zu haben und dieses kontinuierlich weiterzuentwickeln
- Leidenschaft, für den Kunden „die extra Meile zu gehen"
- Leidenschaft, sich nie auf seinen Lorbeeren auszuruhen, sondern sich durch Erfolge zu neuen Erfolgen anspornen zu lassen

In Summe geht es um die Leidenschaft, eine **Marketing-Excellence** für das gesamte Unternehmen zu erreichen (vgl. Abb. 1.8; weiterführend Kreutzer et al. 2007). Viele Unternehmen werden in den nächsten Jahren nur erfolgreich sein, wenn sie ihre **Organisation auf Passion trimmen** und dabei alle in der dargestellten Marketing-Excellence-Turbine aufgezeigten Leistungsfelder gleichermaßen mit Leidenschaft ausfüllen.

Dabei wird sich zeigen, dass selbst Unternehmen, deren Marketing-Strategien oder Angebote weniger innovativ sind als die der Wettbewerber, erfolgreicher sein können, wenn die strategischen Konzepte über alle Unternehmenshierarchien und die eingebundenen Partner hinweg überzeugend umgesetzt und als **Passion-Driven-Organization** bei den Kunden ankommen.

Denn das einzige, was auch langfristig nicht kopiert werden kann, sind die Beziehungen, die ein Unternehmen und insb. dessen Führungskräfte und Mitarbeiter zu Kunden aufbauen.

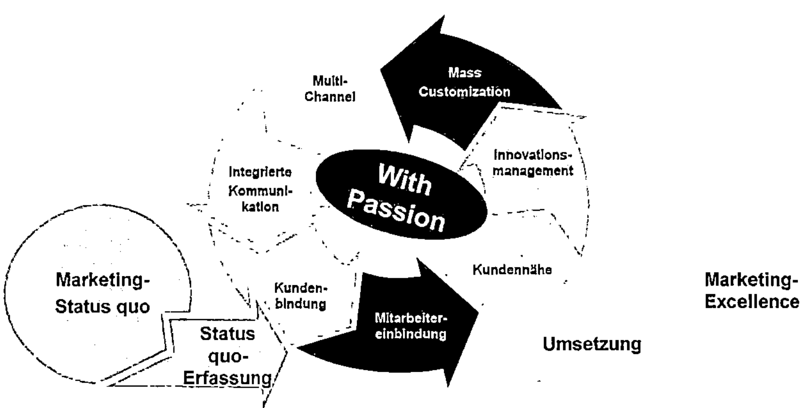

Abb. 1.8 Passion-getriebene Marketing-Excellence-Turbine

Somit ist durch die **Fokussierung auf den Faktor Passion** eine solide Grundlage geschaffen, um eine langfristige Uniqueness über den UPP zu erreichen. Dabei ist es allerdings unverzichtbar, diese zu weckende Passion auf das **Markenversprechen** des Unternehmens bzw. die jeweiligen Angebote auszurichten und damit zu kanalisieren, um eine entsprechende Corporate Reputation aufzubauen. Deshalb sind die Kunden- und Vertriebsorientierung um die Markenorientierung zu ergänzen (vgl. Abb. 1.9). Erst dieser **Dreiklang** führt zu dem angestrebten

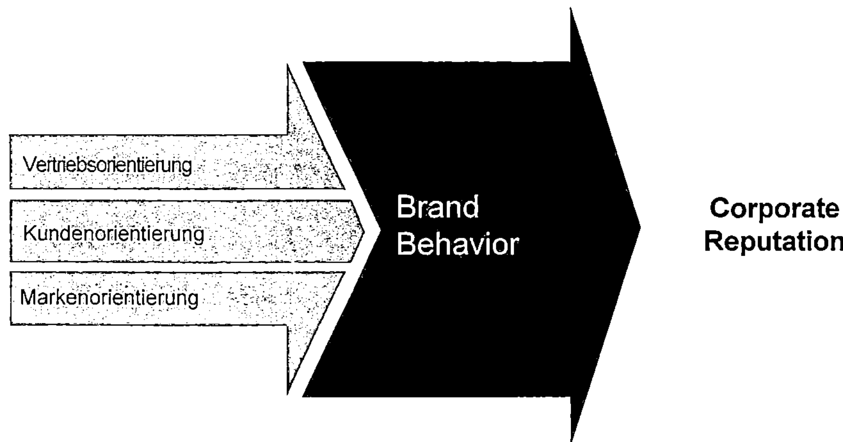

Abb. 1.9 Aufbau eines Brand Behavior durch die Sicherstellung einer Ausgewogenheit zwischen Vertriebs-, Kunden- und Markenorientierung

Brand Behavior, einem Verhalten von Führungskräften und Mitarbeitern, das gesamthaft auf die Corporate Reputation und damit auf den Unternehmenserfolg einzahlt. Um dies zu erreichen, sind die in Abb. 1.1 aufgezeigten Instrumente systematisch und zielorientiert einzusetzen.

Konzept zur Schaffung des Internal Branding

2

2.1 Grundüberlegungen

Es ist zu berücksichtigen, dass alle guten Ideen von Unternehmen prozessual „gemanagt" und vor allem an allen als **Customer-Touch-Points** bezeichneten Anlaufstationen des Kunden auch markenorientiert „gelebt" werden müssen, sei es am POS oder im Customer-Service-Center. Unternehmen benötigen hier daher Mitarbeiter, die als **Markenbotschafter** fungieren und durch **markenidentitätskonformes Verhalten** überzeugen (vgl. Esch und Vallaster 2004, S. 8; Tomczak und Brexendorf 2003, S. 58). Erreicht werden kann dies durch den Aufbau eines **Internal Branding**, d. h. durch die Entwicklung und die konsequente Steuerung des markenorientierten Verhaltens aller Unternehmensrepräsentanten. Auf diese Weise soll erreicht werden, dass **Führungskräfte und Mitarbeiter als Markenbotschafter** wirken können. Denn schließlich gilt nach wie vor (Schmidt 2007, S. 224):

Starke Marken entstehen immer von innen nach außen – niemals umgekehrt.

Durch eine **identitätsorientierte Markenführung** als zentraler Inhalt des Internal Branding werden mehrere Ziele angestrebt (Schmidt 2007, S. 88).

- Die **Potenziale der Führungskräfte und Mitarbeiter sollen ganzheitlich aktiviert** und auf die Erreichung von Unternehmens- und Markenzielen ausgerichtet werden.
- Die **Identifikation der Belegschaft** mit dem Unternehmen, der Unternehmensmarke und ggf. vorhandenen Teilmarken soll **gestärkt** werden.

© Springer Fachmedien Wiesbaden 2014

R. T. Kreutzer, *Internal Branding*, essentials, DOI 10.1007/978-3-658-06889-9_2

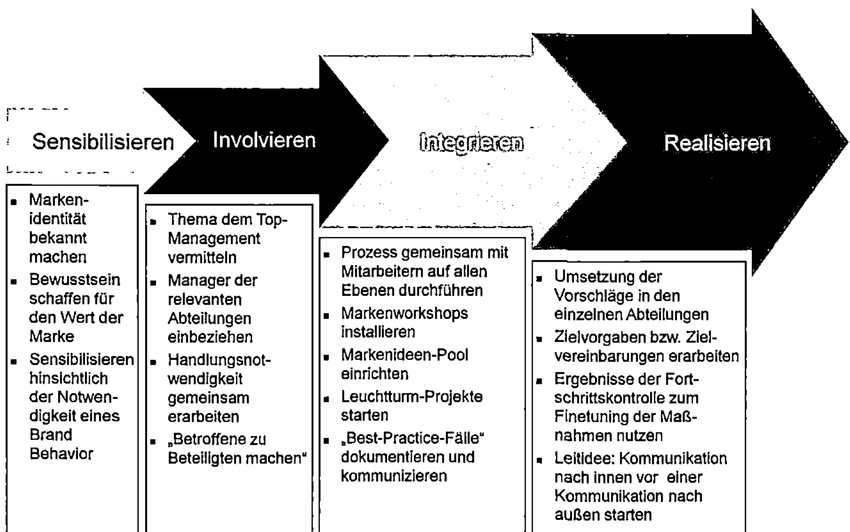

Abb. 2.1 SIIR-Modell eines markenorientierten Veränderungsprozesses. (Quelle: In Anlehnung an Esch et al. 2005, S. 995 f.)

- Ein **konsistenter und damit glaubwürdiger Auftritt des Unternehmens und dessen Repräsentanten** nach innen und nach außen soll gesichert werden.
- Die **Erreichung eines hohen Vertrauens in Unternehmen und Marke(n)** soll durch einen konsistenten Gesamteindruck bei den relevanten Stakeholdern gewährleistet werden.

Den **Prozess zum Aufbau des Internal Branding** kann sinnvollerweise nach dem **SIIR-Modell** erfolgen, um auf diese Weise einen markenorientierten Veränderungsprozess einzuleiten (vgl. Esch et al. 2005, S. 995 f.) Anhand der vier Phasen Sensibilisieren, Involvieren, Integrieren und Realisieren kann Schritt für Schritt das angestrebte Brand Behavior im Unternehmen aufgebaut werden (vgl. Abb. 2.1).

Für die Umsetzung des SIIR-Modells zur Verankerung einer identitätsorientierten Markenführung werden im Folgenden die Instrumente Führung, Personalmanagement und Kommunikation sowie die dafür notwendigen flankierenden Systeme vorgestellt.

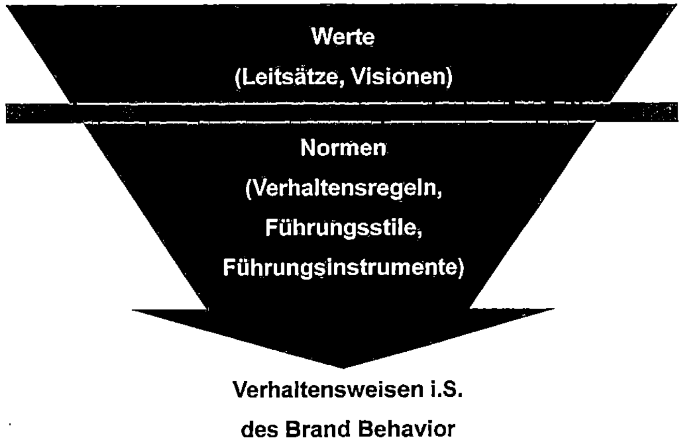

Abb. 2.2 Instrumente zum Aufbau eines Brand Behavior

2.2 Führung

Motivierte Mitarbeiter, die als **Markenbotschafter** fungieren, können nicht „eingekauft", sondern müssen im Unternehmen entwickelt werden. Ein überzeugendes Brand Behavior entsteht folglich nicht selbstständig, sondern setzt einen dauerhaften Prozess zu dessen Einrichtung und Entwicklung voraus. Die Verantwortung hierfür liegt beim Management jedes Unternehmens. Deshalb ist es eine wichtige Herausforderung, die häufig in unterschiedlichen Abteilungen verankerte und damit organisatorisch getrennte Verantwortlichkeit für Kunden einerseits und Mitarbeiter andererseits in einer konstruktiven Zusammenarbeit zu überwinden und zu einem integrierten Vorgehen zu kommen. Dazu sind zunächst entsprechende **Leitsätze und Visionen für das Unternehmen** zu definieren, um ggf. die vorhandenen **Unternehmenswerte** weiterzuentwickeln. Diese sind in **Normen** zu gießen, die bspw. **Verhaltensregeln** und **Führungsstile** definieren (i. S. der beschriebenen Codes of Conduct) und **Führungsinstrumente** bereitstellen (vgl. Abb. 2.2; vgl. zur Umsetzung Nuneva 2012; Tilger 2012; Bruch 2012). Diese verändern die sichtbaren Verhaltensweisen und können auf diese Weise die Relevanz der Weiterentwicklung des Unternehmens unterstreichen (vgl. weiterführend Nagel und Wimmer 2002; Homburg und Stock 2000). Ein solcher Prozess der Kulturveränderung im Unternehmen wird sichergestellt, wenn die Erreichung von korrespondierenden Zielen in den Tantiemevereinbarungen von Führungskräften mit großem Gewicht verankert werden und zur **Schaffung einer kundenorientierten**

Mitarbeiterführung beitragen. Auf diese Weise kann ein entscheidender Beitrag zur erforderlichen Sensibilisierung sowie zum Involvement und zur Integration auf allen Unternehmensebenen geleistet werden.

Im Rahmen von Internal Branding sind vor allem zwei **Führungsstile** relevant: der transaktionale und der transformationale Ansatz (vgl. Esch und Knörle 2008, S. 359–361; Morhart et al. 2008, S. 371–377; Esch und Vallaster 2005, S. 1012 f.; vertiefend Kreutzer und Salomon 2009, S. 31 f.). Beim **transaktionalen Ansatz** erfolgt die Führung im Sinne eines Austauschprozesses bzw. eines Handels zwischen Führungskräften und Mitarbeitern; d. h., hier stehen einzelne **Transaktionen im Mittelpunkt.** Der dabei zugrunde liegende Ansatz lautet: **do ut des** („Ich gebe, damit du gibst."). Der Vorgesetzte definiert die Erwartungen und Ziele, während den Mitarbeitern bei Erreichung eine Gegenleistung in Form einer Belohnung zukommt. Es wird auf Zielvereinbarungen gesetzt, an denen die Performance der Mitarbeiter in regelmäßigen Abständen gemessen wird. Dieser Führungsstil wird daher auch „Management-by-exception" (i. S. „Führung im Ausnahmefall") bezeichnet, da Vorgesetzte nur bei gravierenden Abweichungen von Vorgaben intervenieren. Unternehmen, die auf einen transaktionalen Führungsstil setzen, geben Verhaltensstandards vor, wie Mitarbeiter sich als Markenbotschafter zu verhalten haben. Dadurch wird den Mitarbeitern unmissverständlich bewusst gemacht, welche Aufgaben und Verhaltensweisen von ihnen erwartet werden (vgl. Morhart et al. 2008, S. 372; Esch und Vallaster 2005, S. 1012). Je nach Leistung sind entsprechende positive oder negative Konsequenzen zu erwarten. Grundsätzlich wird Brand Behavior bei diesem Führungsstil jedoch nur in schwacher Form auf Basis von Fügsamkeit entwickelt (vgl. Burmann und Zeplin 2005, S. 130; vgl. Abb. 2.3).

Beim **transformationalen Führungsstil** (grundlegend Burns 1978; Bass 1990) stehen **Transformationen im Mittelpunkt,** d. h. es handelt sich um Veränderungs- und Umwandlungsprozesse. Jener fokussiert die „weichen" Faktoren und nutzt die Erkenntnis, dass Mitarbeiter auch über die Aussicht auf Selbstverwirklichung zu motivieren sind. Der Ansatz zielt darauf ab, die Bedürfnisse und Ziele der Mitarbeiter so zu wandeln, dass sie ihre eigenen Interessen hinter die Markenziele stellen. Folglich stehen sich Führungskräfte und Mitarbeiter nicht als Gegenspieler gegenüber, sondern als Unterstützer beim Verfolgen des gemeinschaftlichen Zieles. Dies gelingt vor allem durch Führungskräfte, die eine attraktive und sinnstiftende Vision vermitteln, selbst als Vorbild agieren und die intellektuelle wie persönliche Entwicklung der Mitarbeiter aktiv unterstützen (vgl. Morhart et al. 2008, S. 373). Wird im Führungsprozess der Transformationsprozess von Unternehmen und Mitarbeiter in den Mittelpunkt gestellt, dann kann erfahrungsgemäß eine höhere affektive, d. h. emotionsbasierte Bindung an die Marke erreicht werden als bei Führungsstilen, die nur auf die Abarbeitung von eng definierten Aufgaben setzen (vgl. Esch und Knörle 2008, S. 360).

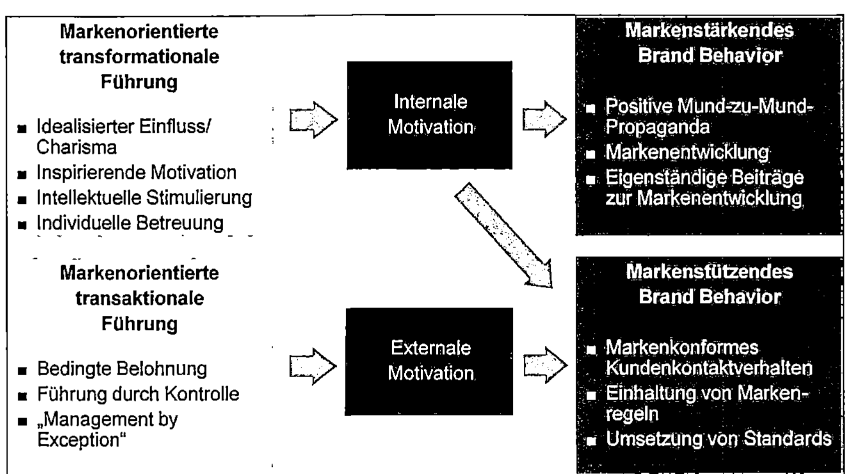

Abb. 2.3 Wirkungsweisen marktorientierter transaktionaler und transformationaler Führung auf das Brand Behavior. (Quelle: In Anlehnung an Morhart et al. 2008, S. 376; Esch und Knörle 2008, S. 359)

Für effizientes Internal Branding bietet sich eine Mischform aus beiden Modellen an, um die Vorteile aus den verschiedenen Ansätzen miteinander zu verbinden (vgl. Abb. 2.3). Durch Komponenten der **transaktionalen Führung** kann markenkonformes Verhalten bis zu einem gewissen Grad forciert und somit Verhaltensstandards in allen Bereichen gesichert werden. Vorgaben und Richtlinien sollten jedoch nur so stark betont werden, dass die Komponenten der **transformationalen Führung** zusätzlich Wirkung entfalten können. Der Führungskraft muss es gelingen, durch die „weichen" Faktoren der transformationalen Führung Markencommitment, Identifikation und Eigenmotivation auszulösen.

Hierbei spielt insb. die regelmäßige **Wertschätzung der Mitarbeiter** eine wichtige Rolle für das Internal Branding. Studien haben gezeigt, dass Wertschätzung die Leistungsbereitschaft und Motivation von Mitarbeitern effektiv fördert (vgl. Ellingsen und Johannesson 2007). Wertschätzung und Leistungsforderung können also nicht in einem Widerspruch zueinander gesehen werden. Vielmehr sollte die Wertschöpfung an die Wertschätzung gebunden sein, denn Lob und Anerkennung sind wichtige Faktoren für die Mitarbeiterzufriedenheit – denn jeder Mensch hat intrinsische Bedürfnisse nach sozialer Anerkennung, Zugehörigkeit und Wertschätzung für die erbrachten Leistungen. Anerkennung baut auf und stimuliert zugleich den Ehrgeiz, die eigene Leistung zu halten, wenn nicht gar zu übertreffen. Mitarbeiter revanchieren sich für Wertschätzung, indem sie ihren Beitrag zum Erfolg des Unternehmens leisten und leistungsbereiter und motivierter sind (vgl. Kreutzer et al. 2007, S. 49). Folglich kann die Conclusio lauten: **mit Wertschätzung zur Wertschöpfung**.

In diesem Kontext kommt auch dem **Empowerment** eine große Bedeutung zu; unter Empowerment i. S. der Befähigung, Ermächtigung wird die Schaffung bzw. Vergrößerung von Handlungsspielräumen und Entscheidungskompetenzen der Mitarbeiter in ihrer täglichen Arbeit verstanden. Mitarbeiter sollen sich nicht allein an ihren Job-Rollen orientieren, sondern orientiert an der jeweiligen Situation eigeninitiativ Lösungen für Probleme entwickeln. Dies können Mitarbeiter nur dann, wenn ihnen entsprechende Handlungsspielräume zugestanden werden. Dann müssen sie nicht jede Interaktion vom Vorgesetzten abzeichnen lassen, sondern sind ermächtigt, im Rahmen ihres Aufgabenfeldes Entscheidungen selbstständig zu treffen. Mitarbeiter werden durch die Schaffung von Freiräumen befähigt, sich kreativ an der Erreichung der Markenziele zu beteiligen. Mit der Erweiterung der Handlungskompetenzen geht eine Ausdehnung des Aufgabenfeldes in Richtung anspruchsvollerer Aufgaben einher, was sich wiederum positiv auf die Arbeitsmotivation der Mitarbeiter auswirken kann (Brexendorf et al. 2008, S. 342). Die Konsequenzen sind eine Erhöhung des Markencommitments (i. S. eines besonderen Engagements für die Marke), größerer Enthusiasmus sowie verbesserte Arbeitsabläufe an den Kundenkontaktpunkten (vgl. Esch und Knörle 2008, S. 361). Erste Studien hierzu belegen einen positiven Zusammenhang von Empowerment und Brand Behavior (vgl. Henkel et al. 2008b, S. 227 f.). Jedoch sollte auch Empowerment stets situativ auf die vorherrschende Unternehmenssituation angepasst werden, da zum einen nicht jeder Mitarbeiter mit großen Freiheitsgraden zurechtkommt und zum anderen standardisierte Aufgabenfelder eher ungeeignet für ein Empowerment sind.

Die aus dem bisher Präsentierten gewonnenen Leitideen für eine entsprechend ausgerichtete **Führungskultur** lassen sich auf einen einfachen Nenner bringen:

- Wertschätzung
- Information
- Dialog

Wertschätzung und damit ein respektvoller Umgang mit den Mitarbeitern ist in der Unternehmenspraxis keine Selbstverständlichkeit. Das Miteinander im Unternehmen, sei es auf einer oder zwischen verschiedenen Hierarchieebenen, ist von einem wertschätzenden Umgang häufig noch weit entfernt. Launische Vorgesetzte, neue Mitarbeiter, mit denen am ersten Arbeitstag keiner gerechnet hat, oder Informationen über anstehende Standortschließungen, die betroffene Mitarbeiter der Tagespresse entnehmen müssen, sind Beispiele hierfür (vgl. weiterführend

Kreutzer 2008; Rudolph 2005, S. 160–170). Die zuvor beschriebenen Prozentwerte der fehlenden Identifikation mit dem Unternehmen nach den laufenden *Gallup*-Studien finden hier ihre Ursachen. Entsprechende Kommunikationsprobleme führen häufig auch die Listen von Themen an, die Mitarbeiter bei ihrer täglichen Arbeit behindern (vgl. Augustin 2004, S. 123; Gross 2002, S. 97–109).

Wertschätzung drückt sich gerade auch durch ein Interesse am Menschen und nicht nur am Leistungsträger aus. Leistung zu fordern und Mitarbeiter wertschätzend zu behandeln, stellt nur scheinbar einen Widerspruch dar. Die Kausalität ist umgekehrt. Wertschätzung zahlt in hohem Maße auf **Leistungsbereitschaft** und **Motivation** ein, nicht dagegen auf das **Leistungspotenzial**, das durch andere Faktoren beeinflusst wird. Der Zusammenhang wird im **Eisberg-Modell der Leistungserbringung** deutlich (vgl. Abb. 2.4). Dabei kann Bezug genommen werden auf die Erkenntnisse von *Herzberg*, der die Bedingungen für die **Entstehung von Zufriedenheit bzw. Unzufriedenheit** beim arbeitenden Menschen untersuchte. Er definiert zum einen so genannte **Motivatoren** (Satisfiers), die zu Arbeitszufriedenheit führen und zu denen Leistungserfolg, die Arbeit selbst, Verantwortung, Entfaltungsmöglichkeiten und insb. auch Anerkennung zählen. Zum anderen hat er **Hygienefaktoren** (Dissatisfiers) herausgearbeitet, deren Nichterfüllung Unzufriedenheit erzeugt, deren Erfüllung aber noch keine Zufriedenheit schafft. Hierzu zählen u. a. Gehalt, zwischenmenschliche Beziehungen, Kollegen, physische Arbeitsbedingungen, Führung. Trotz der teilweise vorgebrachten Kritik an diesem Ansatz können die zentralen Erkenntnisse eine Leitschnur für den Aufbau eines Internal Branding sein (vgl. weiterführend Steinmann und Schreyögg 2002, S. 502–506; Rudolph 2005, S. 162–166; Gross 2002, S. 135–179; Homburg und Stock, 2000, S. 104 f., 2001, 2002; Eckstaller 2001).

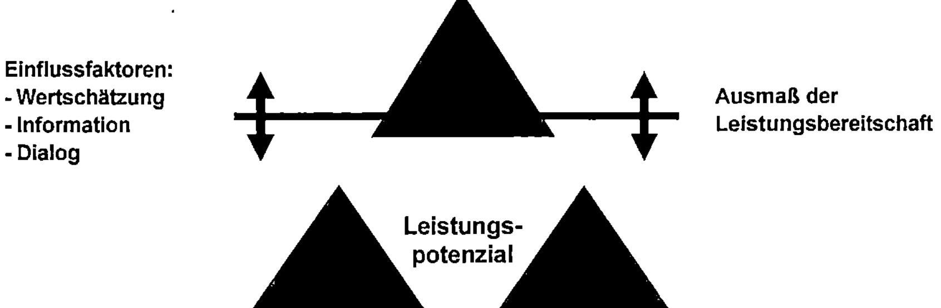

Abb. 2.4 Eisberg-Modell der Leistungserbringung

Hinsichtlich der hierfür notwendigen Führungskultur besteht allerdings noch ein großer Handlungsbedarf, wie folgende Statements exemplarisch zum Ausdruck bringen:

- „Dabei haben die meisten Führungsverantwortlichen den nötigen IQ, um die Probleme zu erkennen. Was fehlt, ist die emotionale Intelligenz, um sie zu lösen" (Goldfuß 2006, S. 1).
- „Deutsche Führungskräfte sind zu autoritär, hören nicht auf ihre Mitarbeiter und sparen zu sehr mit Lob und Anerkennung" (Wood, Ex-Geschäftsführer von Gallup Deutschland, nach Samhoud et al. 2005, S. 73 f.).

Das nachfolgend präsentierte Personalmanagement trägt entscheidend dazu bei, ein hohes Leistungspotenzial bei Mitarbeitern und Führungskräften zu erreichen. Denn durch entsprechende Maßnahmen ist sicherzustellen, dass im Unternehmen nur geeignetes Personal beschäftigt wird.

2.3   Personalmanagement

Das gesamte **Personalmanagement** ist ebenfalls auf die Erreichung eines Brand Behavior auszurichten; dies gilt insb. in den Bereichen, in denen Mitarbeiter mit direktem Kundenkontakt stehen. Deshalb sind bereits im **Einstellungsprozess** die folgenden Fragen zu klären:

- Haben die Bewerber die **Fähigkeit**, die gestellten Anforderungen hinsichtlich der Umsetzung eines Internal Branding zu erfüllen?
- Verfügen die Mitarbeiter über die notwendige **Motivation**, um ihrer Funktion als Markenbotschafter zu entsprechen?

Die Frage nach der Befähigung der Mitarbeiter ist bereits im Zuge deren **Auswahl und Schulung** zu stellen bzw. zu beantworten. Auch bei **Beförderungen** oder bei **Versetzungen von Mitarbeitern und Führungskräften** in andere Unternehmensbereiche sind diese Kernfragen zu beantworten. Dabei ist insb. festzustellen, welche **Grundorientierung** die jeweiligen Personen mitbringen. Hierbei ist zu berücksichtigen, dass bei der **Analyse eines Beziehungsaufbaus** zwischen Geschäftspartnern der Fokus häufig fälschlicherweise vor allem auf der sogenannten **Sachebene** liegt: Es geht um Zahlen, Daten, Fakten und sachliche Qualifikationen – als ob damit alleine heute ein Kunde zu begeistern wäre. Tatsächlich gelingt dies immer weniger, weil Angebote in vielen Bereichen austauschbar geworden sind.

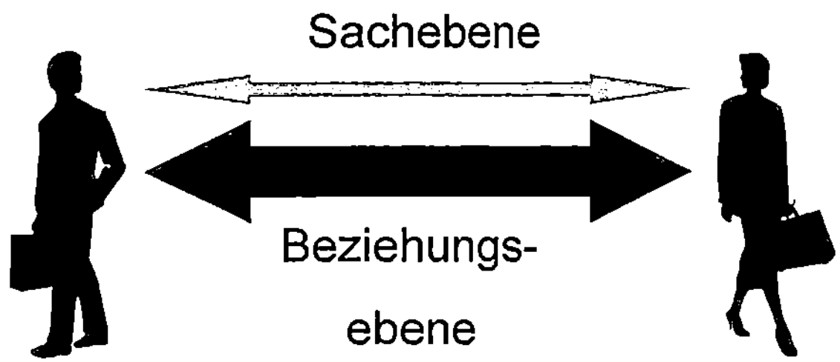

Abb. 2.5 Dialogaufbau muss auf zwei Ebenen erfolgen

Dann wird die Qualität der **Beziehungsebene** erfolgsentscheidend. Trotz dieser Erkenntnis dominiert im Personalmanagement wie auch bei der Gestaltung kundennaher Prozesse selbst häufig noch die Sachebene. Allerdings kommt auch im Geschäftsleben nur selten eine platonische Beziehung rein auf der Sachebene („von Kopf zu Kopf") zustande. Denn auch hier ist der Kunde – sei es als Konsument oder als Repräsentant eines Unternehmens – immer **auf der Suche nach guten Gefühlen**. Deshalb ist bei allen Transaktionen mit Kunden die **Beziehungsebene** („von Herz zu Herz") zwingend zu berücksichtigen. Dabei gilt sogar, dass i.d. R. die **Beziehungsebene die Dialog-Bilanz dominiert**: Das bedeutet, dass Gespräche mit solchen Anbietern fortgesetzt werden, die insb. die (unausgesprochenen) Erwartungen auf der Beziehungsebene erfüllen (vgl. Abb. 2.5).

Eine Analyse der **Einflussfaktoren auf die Kundenzufriedenheit** zeigt am Beispiel aus dem Finanzdienstleistungssektor, dass – wie oben beschrieben – die weichen Faktoren der Beziehungsebene (hier „Beschwerdemanagement" und „Kundenbetreuer") mit insgesamt 56 % stärker auf die Kundenzufriedenheit einzahlen als die produktbezogenen Faktoren mit insgesamt 44 % (vgl. Abb. 2.6).

Eine beispielhafte Analyse der Aufgabenfelder in einem Customer-Service-Center zeigt, dass die überwiegende Mehrheit der dort erbrachten Leistungen auf die Beziehungsebene einzahlen und nicht – wie vielleicht häufig vermutet – auf die Sachebene. Damit gerät die Dialog-Bilanz u. U. ungewollt aus dem Gleichgewicht und eine Geschäftsbeziehung kommt nicht zustande.

Um dies zu vermeiden, ist den in Abb. 2.7 aufgezeigten **Faktoren der Sach- und Beziehungsebene** zumindest gleichermaßen Beachtung zu schenken. Teilweise ist jedoch besonders die Beziehungsebene zu stärken, weil diese in vielen Unternehmen bisher vernachlässigt wurde. Es wird deutlich, dass viele Faktoren, die auf den ersten Blick der Sachebene zugerechnet würden, tatsächlich über die dadurch zum Ausdruck gebrachte Wertschätzung auf die **Beziehungsebene** einzahlen (bspw. eine Individualisierung eines Angebotes, die Qualität und der Inhalt des Anschreibens, die Schnelligkeit, mit der auf Brief-, Fax- oder Telefonanfragen geantwortet wird, ein Nachfassanruf als Nachbetreuung im Anschluss an ein unter-

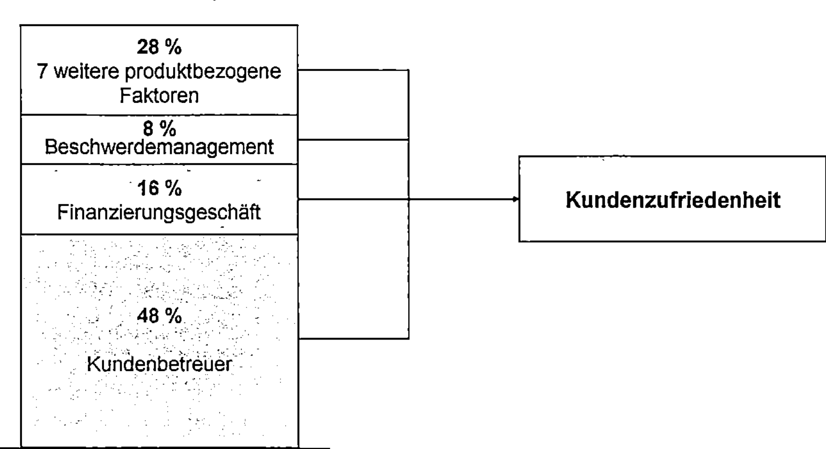

Abb. 2.6 Einflussfaktoren auf die Kundenzufriedenheit. (Quelle: Homburg 2006)

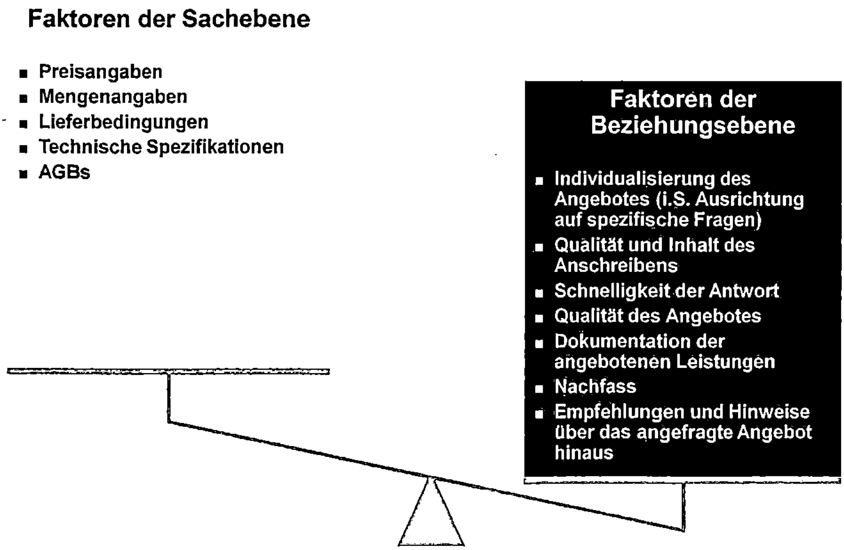

Faktoren der Sachebene

- Preisangaben
- Mengenangaben
- Lieferbedingungen
- Technische Spezifikationen
- AGBs

Abb. 2.7 Faktoren der Sach- und Beziehungsebene

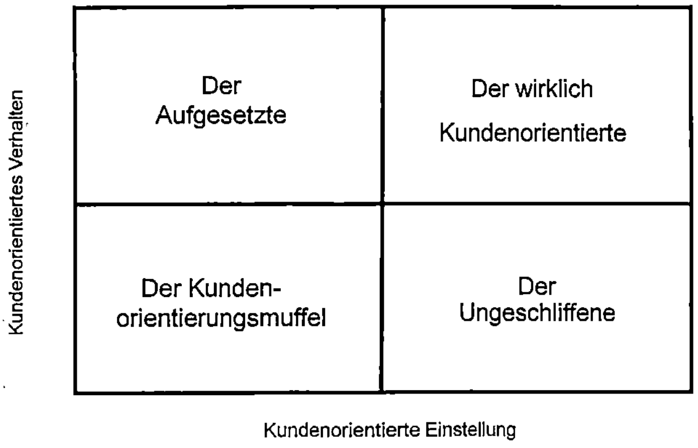

Abb. 2.8 Portfolio zur Analyse der Kundenorientierung von Mitarbeitern. (Quelle: Homburg 2006)

breitetes Angebot). Dominant auf die **Sachebene** wirken dagegen Faktoren wie Preis- und Mengenangaben, Lieferbedingungen und technische Spezifikationen. Nur wenn bei der Ausgestaltung des Internal Branding beide Aspekte berücksichtigt werden, kann das gewünschte Brand Behavior erreicht werden.

Dabei wird dem betreuten Kunden im Kontakt mit einem Unternehmen sehr schnell klar – oder besser: „er fühlt es schnell" – ob er gerade im Dialog mit einem **Kundenorientierungsmuffel**, einem **aufgesetzten Kundenorientierten**, einem **ungeschliffenen Kundenorientierten** oder einem **wirklich Kundenorientierten** steht (vgl. hierzu Homburg 2006). Abb. 2.8 zeigt, dass für die ehrliche Kundenorientierung eine **kundenorientierte Einstellung** und ein **kundenorientiertes Verhalten** gleichermaßen relevant sind. Hierauf ist bei der Besetzung kundenorientierter Funktionen – gerade auch im Verkauf, in der Beratung und im Customer-Service-Center – besonders zu achten. Diesen Aspekten kommt im BtC-Markt wie auch im BtB-Markt eine große Bedeutung zu.

Zusätzlich ist festzustellen, dass manche Personen eine von Natur aus höhere Kongruenz zwischen ihrer eigenen Identität und der Markenidentität aufweisen als andere Personen. Es wird in diesem Zusammenhang von einem hohen **Personen-Marken-Fit** gesprochen (vgl. Esch und Strödter 2008, S. 149–151; Burmann und Zeplin 2005, S. 124 f.). Aufgabe des Personalmanagements ist es daher sicherzustellen, dass die „richtigen" Bewerber, d. h. solche, deren Ich-Identität am ehesten der Markenidentität entspricht, rekrutiert und bevorzugt befördert werden (vgl. Burmann und Zeplin 2005, S. 124 f.; Esch et al. 2008, S. 172). Bei erfolgreichen

Unternehmen wie *BMW* und *General Electrics* (*GE*) stellt neben der Eignung hinsichtlich der Aufgabenbeschreibung die Passung der Mitarbeiter zur Markenidentität eine Grundvoraussetzung für Neueinstellungen dar (vgl. Schauer 2008, S. 83). So ist für *Jack Welch*, dem ehemaligen CEO von *GE* und „US-Manager des Jahrtausends", die Markenidentität strikt „non negotiable": Wer Teil von *GE* werden will, muss zu der Identität passen bzw. sich dieser unterordnen oder er muss gehen (Casanova 2001, S. 13). Mittels Firmenuniversitäten, regelmäßigen 360-Grad-Feedbacks, Mitarbeiter-Ranglisten, klaren Verhaltens- und Wertevorgaben auf einer Value-Card sowie Job-Rotation-Programmen, die das Gemeinschaftsgefühl sowie das umfassende Wissen fördern sollen, gelang es *Jack Welch* stets nicht nur „high potentials", sondern auch „right potentials" zu engagieren und zu binden (vgl. Kreutzer und Salomon 2009, S. 24 f.).

Durch ein solches Vorgehen wird das Personalwesen konsequent auf die Anforderungen der Marke ausgerichtet. Unternehmen sollten daher im Zuge des Recruiting so früh wie möglich ihre Markenwerte in den Vordergrund stellen. Bereits eine **Stellenausschreibung**, die die Werte der Marke klar zum Ausdruck bringt, verdeutlicht, welche Verhaltensweisen und Persönlichkeitsmerkmale von zukünftigen Führungskräften und Mitarbeitern erwartet werden. Im Weiteren unterstützen auf die Marke abgestimmte Assessment-Center und entsprechende Case-Studies im Vorstellungsgespräch die Auswahl von Bewerber mit dem höchsten **Personen-Marken-Fit** (vgl. Esch et al. 2008, S. 172 f.).

Ebenso leistet die **betriebliche Sozialisation**, wenn sie konsequent auf die Marke abgestimmt ist, einen eigenständigen Beitrag hinsichtlich des Ziels, Mitarbeiter zu Markenbotschaftern zu machen. Markenbezogene Schulungen, Workshops, Mentoren-Programme oder interne Markenkampagnen stellen dabei effiziente Instrumente zum Aufbau des Brand Behavior dar. Insb. markenspezifische Schulungen und Workshops bieten eine dreifache Wirkung: Sie fördern das Wissen über die Marke, ermöglichen das Erlernen der Fähigkeiten, die für markenspezifisches Handeln notwendig sind, und unterstützen das Kennenlernen sowie den Erfahrungsaustausch zwischen den einzelnen Mitarbeitern. Dies wiederum kann die emotionale Bindung und damit das Commitment an den Arbeitgeber fördern (vgl. Esch et al. 2008, S. 173–177).

Im Zuge der Veränderungen der Marktbedingungen und des viel zitierten „War for Talents" kommt dem **Employer Branding** eine große Bedeutung zu. Gemeint ist „die markenstrategisch fundierte interne Entwicklung und externe Positionierung eines Unternehmens als attraktiver und glaubwürdiger Arbeitgeber" (Deutsche Employer Branding Akademie 2007). Diese wird durch eine entsprechende Außendarstellung durch den Einsatz unterschiedlicher Kommunikationsinstrumente erreicht (u. a. Public Relations, Werbung und persönlicher Dialog). Das Ergebnis soll eine **Arbeitgebermarke** darstellen, die zwei Vorteile mit sich bringen soll. Einem attraktiven Arbeitgeber fällt es zum einen leichter, qualifizierte Nachwuchskräfte zu gewinnen und zu binden. Zum anderen wirkt eine zugkräftige Arbeitgebermarke intern zugleich identitätsstiftend und motivationsfördernd. Internal Branding und Employer Branding bedingen und fördern sich damit gegenseitig und können nur als Teil eines ganzheitlichen Markenmanagements ihre volle Wirkung entfalten (vgl. Forster et al. 2008, S. 283). Durch die Verfolgung beider Konzeptionen in einem Unternehmen kann ein besonders hohes Personen-Marken-Fit gewährleistet werden, d. h. es werden die besten und passenden Führungskräfte und Mitarbeiter angezogen, gehalten und motiviert, die Marke zu leben.

Wie bereits dargestellt wurde, reicht für das Entstehen von Brand Behavior nicht allein das Wissen und das Können aus. Mitarbeiter und Führungskräfte müssen auch bereit sein, die entsprechenden Leistungen zu erbringen. Bewusst gestaltete Belohnungen als zentrales Element von **Anreizsystemen** wirken auf die Leistungsbereitschaft und fördern die Motivation der Mitarbeiter. Der verhaltensbeeinflussende Stimulus kann dabei sowohl in materieller als auch in immaterieller Form erfolgen und wird gewährt, wenn das Personal die gewünschten bzw. überdurchschnittlichen Leistungen erbringt. **Materielle Anreize** sind bspw. variable Prämien, Erfolgsbeteiligungen, ein Dienstwagen oder eine betriebliche Altersvorsorge. **Immaterielle Anreize** umfassen vor allem persönliche Gestaltungsangebote des Arbeitsplatzes, persönliche Entwicklungsmöglichkeiten, die Sicherheit des Arbeitsplatzes sowie Statussymbole und Auszeichnungen. Auch flexible Arbeitszeiten, Kinderbetreuung, Gesundheitsförderung und Freizeitangebote stellen heutzutage bedeutende Anreize dar, die intern die Zufriedenheit der Mitarbeiter fördern können. Neben den positiven Anreizen spielen aber auch negative Anreize eine wichtige Rolle, bspw. durch das Streichen von Vergünstigungen oder einen Entfall von Fortbildungsmaßnahmen. Es ist zwar fraglich, ob diese bei unmotivierten Mitarbeitern zu einem Verhaltensanreiz führen, jedoch machen sie das ernsthafte Interesse des Unternehmens an bestimmten Verhaltensweisen deutlich. Zudem wird durch die Schwerpunktsetzung der Anreize für jeden unmissverständlich ersichtlich, welche Verhaltensweisen markenkonform und im Unternehmen erwünscht sind. Unternehmerischen Anreizsystemen kommt damit eine wichtige Aktivierungs-, Steuerungs-, Informations- und Veränderungsfunktion im Internal Branding-Prozess zu.

2.4   Kommunikation nach innen

Im SIIR-Modell (vgl. Abb. 2.1) wurde sichtbar, welcher große Stellenwert der **Kommunikation nach innen** zukommt. Hierunter wird allerdings nicht allein eine kaskadenartige, von oben nach unten verlaufende Informationsbereitstellung verstanden. Das zum Aufbau eines Internal Branding erforderliche Konzept der Kommunikation nach innen greift weit darüber hinaus und stößt zusätzlich u. a. eine dialogische Kommunikation an, um kontinuierliche Rückinformationen für das Management aus allen relevanten Unternehmensbereichen zu erhalten.

Basierend auf den Unternehmenszielen sind zunächst die **Ziele der Kommunikation nach innen** zu definieren. Hierzu zählt zunächst die unmittelbar tätigkeitsbezogene Bereitstellung von Informationen. Aber auch Informationen über die Gesamtausrichtung des Unternehmens sowie ein Informationsaustausch zwischen den verschiedenen Ebenen und Bereichen des Unternehmens können nicht nur zur geforderten Marken-, Kunden- und Vertriebsorientierung beitragen, sondern leisten auch einen maßgeblichen Beitrag zur Entstehung von Mitarbeiterzufriedenheit (vgl. Bruhn 1999, S. 25; grundlegend auch Hubbard 2004). Für die anschließende Umsetzung sind u. a. folgende Aufgaben zu bearbeiten (vgl. Bruhn 2001, S. 711–716):

- Segmentierung der Mitarbeiter und Führungskräfte hinsichtlich ihrer Informationsbedürfnisse
- Festlegung der Kommunikationskanäle
- Erarbeitung von Feedback-Mechanismen
- Fixierung der kommunikativen Schwerpunkte
- Definition von Kontrollpunkten
- Festlegung der Budgethöhe

Entscheidend ist, dass der gesamte Prozess der Kommunikation nach innen kritisch begleitet wird. Mit dem einmaligen Installieren dieses Konzeptes ist das Ziel einer umfassenden **Mobilisierung der unternehmensinternen Effizienzreserven** nicht zu erreichen. Deshalb ist regelmäßig eine kritische Überprüfung u. a. der folgenden Fragestellungen notwendig:

- Wird den sich verändernden Informationsbedarfen der unterschiedlichen Zielgruppen ausreichend Rechnung getragen?
- Werden die angebotenen Informationskanäle genutzt?
- Wird von der Möglichkeit, Feedback zu geben, ausreichend Gebrauch gemacht?
- Tragen die bereitgestellten Informationen zur Kunden-, Vertriebs- und Markenorientierung bei?
- Wirkt sich die interne Kommunikation positiv auf die Mitarbeiterzufriedenheit aus?

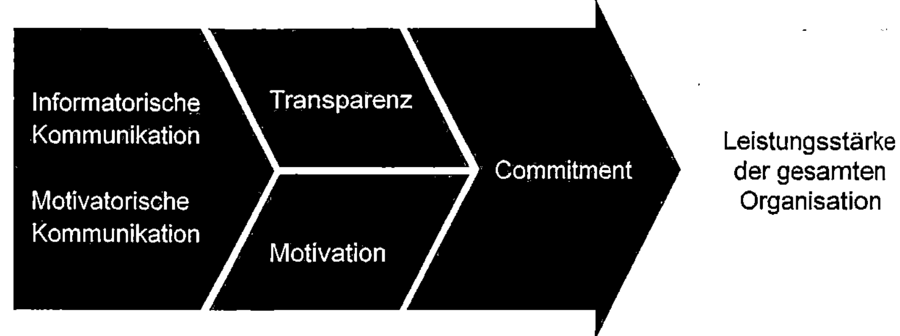

Abb. 2.9 Wirkungskette der internen Kommunikation

Beim Thema **Information** geht es zunächst „ums große Ganze", d. h. um die Antworten auf die Frage, wohin soll sich das Unternehmen entwickeln. Hierbei kann man sich an dem Zitat von *Antoine de Saint-Exupéry* orientieren:

> Wenn Du ein Schiff bauen willst, dann trommle nicht Männer zusammen, um Holz zu beschaffen, Aufgaben zu vergeben und die Arbeit einzuteilen, sondern lehre sie die Sehnsucht nach dem weiten, endlosen Meer.

Die Erreichung ehrgeiziger Ziele wird mit einer motivierenden Kommunikation im Unternehmen steigen, wenn es dadurch gelingt, möglichst viele Führungskräfte und Mitarbeiter „auf die Reise" mitzunehmen. Der **Dialog** selbst ist stärker auf die operative Ebene ausgerichtet und soll sicherstellen, dass die unternehmensinternen Prozesse korrekt ablaufen. Dabei gilt: **Informatorische Kommunikation** schafft primär Transparenz und kann darüber zu einem Commitment mit dem Unternehmen führen. Die **motivatorische Kommunikation** (i. S. von Lob und Anerkennung sowie durch die Delegation von Verantwortung) kann sich direkt auf die Motivation und dadurch auf das **Commitment** auswirken (vgl. Abb. 2.9).

Während es früher immer hieß: „Der Gewinn liegt im Einkauf", so kann angesichts der ausgeführten Erkenntnisse entgegengehalten werden: „Der Gewinn liegt im Mitarbeiter!" Denn zum einen wurde die Kostenoptimierung – und nicht nur auf der Einkaufsseite – in den letzten Jahren konsequent umgesetzt. Zum anderen steigt angesichts der zunehmenden Verschiebung zum Dienstleistungssektor der Anteil der Arbeitskosten in vielen Branchen an. Deshalb gilt es, das in vielen Bereichen unausgeschöpfte Mitarbeiterpotenzial durch die interne Kommunikation zu aktivieren.

Zunächst einmal geht es dabei um die **Sicherstellung des „strategischen Informationsflusses"** im Unternehmen. Zu den zentralen Informationsinhalten in einem Unternehmen zählen die **strategischen Guidelines,** die von der Unternehmensführung zur Zielorientierung des gesamten Managements sowie der Mitarbeiter kommuniziert werden müssen (vgl. Bruhn 2001, S. 723–727). Dabei geht es u. a. um folgende Bereiche:

- In welchen Feldern möchte das Unternehmen in Zukunft tätig sein?
- Welche Umsatz- und Ergebnisziele strebt das Unternehmen in den nächsten Jahren an?
- Gegen welche Wettbewerber möchte man sich abgrenzen?
- Welcher Stellenwert wird Innovationen, der Produkt- und/oder Dienstleistungsqualität zugemessen?
- Welche Markenwerte stehen im Mittelpunkt?
- Wie möchte man den Kunden gegenüber auftreten?
- Welche Service-Ziele hat man sich gesetzt?

Die Bereitstellung derartiger Informationen ermöglicht eine Grundorientierung und Motivation der Mitarbeiter. Werden diese Bereiche nicht **Top Down** mit Informationen gefüllt, so besteht das Risiko, dass aufgrund eines strategischen Vakuums Bereichs- oder Abteilungsziele definiert werden, die nicht oder nicht ausreichend auf die Gesamtziele des Unternehmens einzahlen. Dabei gilt, dass sich i.d. R. nur knapp ein Viertel der Mitarbeiter von ihrem Vorgesetzten umfassend informiert fühlen (vgl. Lutz 2006, S. 2). In einer Studie des *Harvard Business Review* wurde sogar festgestellt, dass im Durchschnitt 95 % der Mitarbeiter die Unternehmensstrategie nicht kennen oder nicht verstehen (vgl. Maitland 2006, S. 23). Die Mehrheit der Mitarbeiter weiß folglich nicht, wohin sich das Unternehmen entwickeln soll. Im Rahmen einer Umfrage der Managementberatung *Towers Perrin* gaben lediglich 37 % der befragten Mitarbeiter an, exakt zu wissen, was ihr Unternehmen erreichen will. Nur 20 % waren von diesen Zielen ihres Unternehmens begeistert und 15 % fühlen sich bei der Zielerreichung unterstützt. Verglichen mit einem Fußballspiel würde dies bedeuten: „Nur vier Spieler wissen, in welches Tor der Ball soll, nur zwei Spieler begeistern sich für das Spiel und lediglich eineinhalb fühlen, dass ihr Trainer hinter ihnen steht" (Gulnerits 2008, S. 1). Dieser Vergleich kann den Handlungsbedarf für eine Kommunikation nach innen deutlich machen (vgl. Kreutzer und Salomon 2009, S. 15 f.).

Die notwendige **Informationskaskade** beginnt deshalb auf der obersten Hierarchiestufe. Dem Unternehmen steht eine Vielzahl von Möglichkeiten zur Befriedigung der Informationsbedürfnisse der Mitarbeiter zur Verfügung. Dabei handelt es sich m. E. nicht um eine **Holschuld der Mitarbeiter,** sondern um eine **Bringschuld des Managements gegenüber den Mitarbeitern.** Neben der „strategi-

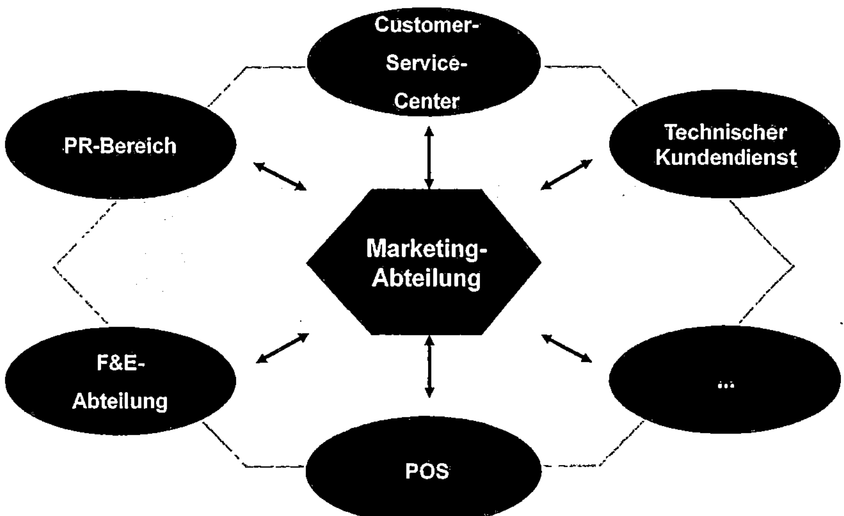

Abb. 2.10 Dialogische Kommunikation im Unternehmen

schen Kommunikation" bedarf es auch der **Sicherstellung einer „dialogischen Kommunikation"** im Unternehmen. Um eine hohe Motivation der Mitarbeiter zu erreichen, muss eine frühzeitige informatorische Einbindung in kunden- und markenorientierte Maßnahmen erfolgen. Nur dann treffen zunehmend gut informierte Kunden auf ebenso gut informierte Mitarbeiter – sei es bei Außendiensteinsätzen, am POS oder im Customer-Service-Center. Dazu sind die Mitarbeiter am besten noch **vor** dem Kunden über entsprechende Maßnahmen zu informieren.

Derartige Informationen liefern die Voraussetzung dafür, dass ein Brand Behavior aufgebaut und das Unternehmen in Summe eine überragende Servicequalität erreichen kann. Dabei liegt das Ziel zugrunde: „Durch das Unternehmen gut informierte Kunden sollten auf mindestens ebenso gut informierte Mitarbeiter treffen". Deshalb ist im Zuge der **dialogischen Kommunikation** eine umfassende Informationsversorgung aller Customer-Touch-Points und aller Abteilungen mit nach außen gerichteten Aufgaben sicherzustellen (vgl. Abb. 2.10). Häufig ist in diesem Bereich allerdings nach wie vor zu beobachten, dass in der werblichen Ansprache in Offline-Medien bspw. auf bestimmte Homepages verwiesen wird, auf denen man sich anmelden oder weitere Informationen erhalten kann. Doch nicht selten führen solche Verweise ins **informatorische Nirvana**: Sites sind noch im Aufbau, versprochene Informationen wurden nicht eingestellt. Auf diese Weise wird dem Nutzer deutlich, dass es in vielen Unternehmen immer noch eine **kognitive**

Firewall zwischen den für die Online- bzw. für die Offline-Medien zuständigen Abteilungen gibt und deshalb eine Multi-Channel-Kommunikation nicht funktioniert. Dabei ist der Kunde nach wie vor nicht nur der erste, sondern häufig auch der einzige, der solche Kommunikationsstörungen erkennt – mit der entsprechenden Auswirkung auf das Unternehmens- und Markenimage.

Um den notwendigen internen Informationsfluss sicherzustellen, bieten sich **Instrumente der Massenkommunikation** sowie **Instrumente der persönlichen Kommunikation** an. Die Entwicklung und der Einsatz derartiger Instrumente sind konkreter Ausdruck der Wertschätzung gegenüber dem eigenen Personal. Dabei wird deutlich, dass Ressourcen bereitgestellt werden, um dem Informationsbedürfnis der Mitarbeiter und Führungskräfte Rechnung zu tragen. Die zentralen Merkmale sowie konkrete Formen der Kommunikation finden sich in Tab. 2.1. Ausgewählte Instrumente werden nachfolgend vertieft.

Über das **Intranet, Mailings, E-Mail, E-Mail-Newsletter** und/oder **Mitarbeiterzeitungen** kann u. a. berichtet werden, welche Forschungsschwerpunkte gesetzt und welche strategischen Ziele angestrebt werden. Zusätzlich können Informationen darüber bereitgestellt werden, für welche Kunden das Unternehmen arbeitet, Abteilungen und/oder Niederlassungen können sich vorstellen, neue Produkte werden präsentiert, Mitarbeiter kommen zu Wort etc. Das Management kann zusätzlich alle sechs Monate im Rahmen von **Mitarbeiterveranstaltungen** zu unterschiedlichen Themen aus dem Unternehmensalltag Stellung nehmen.

Ein innovatives Instrument der dialogischen Kommunikation stellen **Blogs** dar. So setzen zunehmend auch Unternehmenslenker (bspw. bei *Intel*, *GM* und *Sun Micro Systems*) auf **Company-Blogs**, um mit der Belegschaft und den Kunden zu kommunizieren (vgl. Kreutzer 2012). Diese Kommunikationsform entwickelt sich durch **Mitarbeiter-Blogs** z. T. zur dialogischen Kommunikation weiter, wodurch sich Mitarbeiter aller Hierarchieebenen über ihre Arbeit, neue Produkte und anderes austauschen können. Gleichzeitig geben diese Mitarbeiter-Blogs dem Unternehmen ein zusätzliches Gesicht nach außen. Solche Maßnahmen fördern auch den **Aufbau eines Wir-Gefühls**, den Stolz auf das eigene Unternehmen und verstärken eine Identifikation mit dessen Zielen und Aufgabenstellungen. Auf diese Weise kann die Schaffung eines Brand Behavior gleichzeitig ein Zwischenziel auf dem Weg zum Aufbau einer Corporate Identity darstellen (vgl. dazu Nuneva 2012; Tilger 2012).

Zusätzlich stellt das **Wissen über die Marke** eine notwendige Bedingung für die Entstehung von markenkonformen Verhaltensweisen dar. Hierbei lässt sich zwischen Markenwissen im weiteren und engeren Sinne unterscheiden (vgl. Wentzel et al. 2008, S. 85 f.). **Markenwissen im weiteren Sinne** bezieht sich auf das allgemeine Wissen der Mitarbeiter über die Marke, d. h. deren Kenntnisse über die

Tab. 2.1 Instrumente der internen Kommunikation

	Massenkommunikation	Persönliche Kommunikation
Merkmale	Kommunikation über unterschiedliche Medien bei räumlicher oder zeitlicher Distanz	Kommunikation von Person zu Person
	geringe Kontaktintensität	hohe Kontaktintensität
		keine Distanz zwischen Sender und Empfänger
Instrumente	Top-Down:	Gespräche mit dem Vorgesetzten und Kollegen
	Mitarbeiterzeitung/ Mitarbeiterzeitschrift	Feedbackgespräche
	Intranet	Ansprachen der Geschäftsführung
	Aushänge am Schwarzen Brett, Plakate	Trainings/Schulungen/Workshop/ Tagungen
	Rundbriefe, Mailings, Newsletter	Mitarbeiterveranstaltungen
	E-Mails, E-Mail-Newsletter	Betriebsfeiern, Sommerfeste, Weihnachtsfeiern
	Broschüren/Imageprospekte	Mentor- Programme
	Business-TV	Arbeitsgruppen/Projektgruppen
	Company-Blogs, Mitarbeiter-Blogs	Storytelling
	Twitter-Engagement von Vorstand/ Geschäftsführung oder anderen Führungkräften	Brand Academy
	Markenhandbuch (Brand Book)	
	Brand Card	
	Bottom-Up:	
	Mitarbeiterbefragungen	
	Internes Beschwerdemanagement	
	Betriebliches Vorschlagswesen	
	Company-Communities	
	Company Weblogs	
Vorteile	Schnelle und umfassende Erreichbarkeit – auch in international tätigen Unternehmen	Grds. höheres Involvement des Empfängers
	Kostengünstigere Konzepte	Möglichkeit zur unmittelbaren Rückkopplung
	Häufig geringere Vorlaufzeiten	Z.T. unmittelbare Erfolgskontrolle möglich

Tab. 2.1 (Fortsetzung)

	Massenkommunikation	Persönliche Kommunikation
Fazit	Geeignet für den Aufbau von Marken-wissen und -bekanntheit	Einsetzbar für den Aufbau von Markenverständnis
	Einsetzbar zur regelmäßigen Information der Mitarbeiter und Führungskräfte	Nutzbar zur Förderung einer positiven Einstellung gegenüber der Marke

Werte, Ziele und die einzelnen Identitätsbestandteile der Marke. Ein solches allgemeines Wissen reicht jedoch für den konsistenten Aufbau eines Internal Branding nicht aus. Die Elemente der Identität müssen zusätzlich im Mitarbeiterkontext in konkrete Verhaltensweisen übersetzt werden. **Markenwissen im engeren Sinne** bezeichnet folglich die konkreten handlungsorientierten Kenntnisse über die Umsetzung markenkonformer Verhaltensweisen (vgl. Esch 2006, S. 20). Wenn das eigene Personal nicht weiß, wie es im Kundenkontakt die Markenwerte umsetzen kann, ist es nicht möglich, Markenbotschafter zu entwickeln (vgl. Esch et al. 2005, S. 994). Solches Wissen kann bspw. über ein **Markenhandbuch (Brand Book)** bereitgestellt werden, in dem die Standards und Richtlinien zur Führung der Marke niedergelegt werden. Einen noch unmittelbareren Einfluss auf das konkrete Verhalten der Führungskräfte und Mitarbeiter können **Brand Cards** entfalten, in denen die Unternehmensphilosophie, die Dimensionen des Markenkerns, die Markenstilistik und konkrete Handlungsappelle präsentiert werden. Da das Personal diese Brand Cards immer „am Mann" haben soll, besteht hier die Chance zu einer direkten Verhaltensbeeinflussung. Entsprechende Cards werden bspw. bei der *TeamBank* und bei *RitzCarlton* eingesetzt (vgl. Bruch 2012; vertiefend Kreutzer 2008, S. 68–73).

Storytelling (zu Deutsch: Geschichtenerzählen) stellt ein modernes Instrument der internen Kommunikation dar, welches zum Aufbau eines Internal Branding besondere Bedeutung besitzt. Eine erzählte Geschichte bindet den Zuhörer, sodass dieser den Inhalt nicht nur hören, sondern quasi auch erleben und damit emotional nachempfinden kann. Erzählungen können dabei den kognitiven Prozess **Transportation** auslösen, der ein Eintauchen des Zuhörers in die Geschichte beschreibt (Green und Brock 2000, S. 701). Der Rezipient wird in den Erzählmoment „hinein transportiert" und „emotional involviert". Das hat den Vorteil, dass die emotionale Betroffenheit und gleichzeitig die Lernbereitschaft im Vergleich zu anderen Kommunikationsformen erhöht und das erzählte Wissen eher verstanden und angenommen wird.

In Unternehmen werden Markengeschichten strategisch dazu eingesetzt, um auf anschauliche, spannende und kreative Weise Traditionen und Werte zu vermitteln. Durch Geschichten wird dabei zugleich aufgezeigt, wie die Markenwerte im unternehmerischen Alltag konkret angewendet und umgesetzt werden können. Dadurch weisen Stories zwei zentrale Funktionen auf (vgl. Wentzel et al. 2008, S. 406):

- Die **präskriptive Funktion** wirkt Normen setzend. Hier wird bspw. definiert, welches die relevanten Werte von Unternehmen und Marke sind.
- Die **deskriptive Funktion** liefert die Beschreibung, in welcher Form Werte konkret gelebt werden können.

Dabei gilt: „A good story can be found with anybody; the receptionist, the product developer or the bookkeeper" (Fog et al. 2005, S. 99). Auf diese Weise kann gleichzeitig sichergestellt werden, dass sich die unterschiedlichsten Mitarbeiter eines Unternehmens in solchen Geschichten wiederfinden können.

Für das Internal Branding stellt Storytelling ein interessantes Instrument dar, weil es gleich eine Vielzahl von positiven Aufgaben erfüllt. Es fördert und vermittelt Markenwissen, leitet Denkprozesse ein, zeigt Probleme auf, beeinflusst und erweitert das Repertoire an markenkonformen Verhaltensweisen, verringert die Kluft zwischen Wissen und Handeln, vermittelt Normen und Werte und stärkt das Commitment (vgl. Brexendorf et al. 2008, S. 330). Storytelling stellt daher ein innovatives Instrument der internen Kommunikation dar, welches einen wesentlichen Einfluss auf das Mitarbeiterverhalten ausüben kann:

> A strong brand builds on clearly defined values, while a good story communicates those values in a language easily understood by all of us. A strong brand exists based on its emotional ties to the consumer or employee, while a good story speaks to our emotions and bonds people together. Ultimately, storytelling has the power to strengthen a brand both internally and externally (Fog et al. 2005, S. 21).

Eine zentrale Bedeutung bei der Wertevermittlung von Marken kommt auch einer **Brand Academy** (auch Marken-Akademie) zu. Darunter ist ein Raum zu verstehen, an dem die Marke hinsichtlich aller relevanten Sinne vom Unternehmen selbst inszeniert wird. Die Marke ist dort im wörtlichen Sinne zu sehen, zu hören, zu schmecken, zu fühlen und zu riechen. Neben der Vermittlung von Wissen über die Marke ist ein dominantes Ziel, für diese auf allen Sinnesebenen zu begeistern. Dieses Konzept zur **Installation von Markenerlebnissen in Räumen** wird bspw. in Form der *Dr. Oetker Welt* in *Bielefeld*, des *Coca-Cola-Museums* in *Atlanta*, der *Volkswagen Autostadt* in *Wolfsburg*, der *BMW-Welt* in *München* und des *Mercedes-Benz-Museums* in *Stuttgart* oder des *DHL Innovation Centers* bei *Bonn* um-

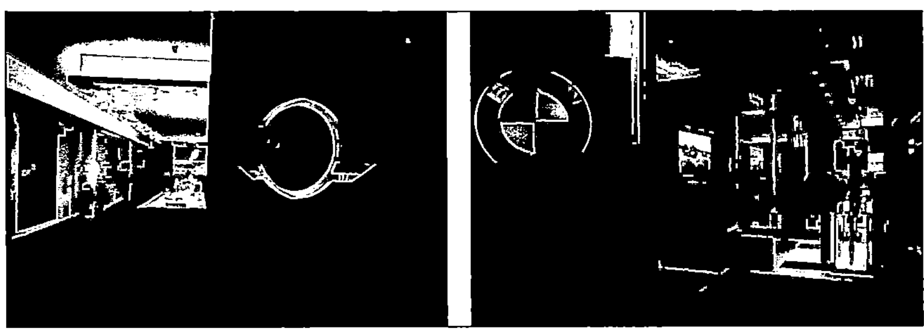

Abb. 2.11 Markeninszenierung in der Brand Academy von *BMW*. (Quelle: BMW 2008)

gesetzt. In Abhängigkeit von der jeweiligen Ausgestaltung stehen diese **Inszenierungen der Marke** nur den eigenen Mitarbeitern und Führungskräften, externen Leistungspartnern und/oder der gesamten interessierten Allgemeinheit offen (vgl. allgemein auch Milla 2007; Klingmann 2007).

Um dies zu erreichen, hat bspw. *BMW* für die drei Marken *BMW*, *MINI* und *Rolls-Royce* eine solche Brand Academy im Jahr 2002 in München aufgebaut (vgl. Abb. 2.11). Den Besuchern der Brand Academy wird dabei im Rahmen einer eintägigen Veranstaltung durch Dialog, Selbsterfahrung und aktive Auseinandersetzung mit verschiedensten Praxisbeispielen Informationen zu den Marken und der Ausrichtung der *BMW Group* insgesamt vermittelt. Die emotionalen Werte der Marken sollen dabei multisensorisch durch Exponate zum Anfassen, Übungen zum Mitmachen und anhand von Filmsequenzen verdeutlicht werden. Dabei wird jede Marke unterschiedlich inszeniert, um die divergierenden Markenwerte zu verdeutlichen. Bei der Marke *MINI* werden von den Mitarbeitern u. a. Cocktails gemixt und als DJ's Musik zusammengestellt – orientiert am extrovertiert-modernen Image der Marke (vgl. Schauer 2008, S. 82 f.). Grundsätzlich gilt, dass nur Mitarbeiter des Konzerns und der Handelsorganisation sowie ausgewählte Marketing- und Werbepartner, die ebenfalls die Markenwerte verinnerlicht haben sollten, Zugang zur Brand Academy erhalten.

Eine vergleichbare Zielsetzung liegt dem von *DHL* aufgebauten *Innovation Center* in der Nähe von *Bonn* zugrunde (vgl. Abb. 2.12). Die *Deutsche Post* präsentiert hier für die Marke *DHL*, welche Innovationen für die Logistik der Zukunft entwickelt werden. Gleichzeitig wurde ein Zentrum geschaffen, in dem Forscher und Entwickler aus der ganzen Welt ihr Wissen austauschen und praxisnahe Innovationen entwickeln sollen. Zusätzlich versteht sich das *DHL Innovation Center* auch als Ort der Kommunikation, um Repräsentanten aus Politik, Wirtschaft und

Abb. 2.12 *DHL Innovation Center*. (Quelle: www.dhl-innovation.de, 2008)

Gesellschaft eine Möglichkeit zu geben, sich über aktuelle Trends und Lösungskonzepte in der Logistik zu informieren (www.dhl-innovation.de, 2008).

2.5   Systeme eines Internal Branding

Auf die Erreichung eines Brand Behavior sind auch die **internen Systeme** auszurichten, um es Mitarbeitern zu ermöglichen, den markenorientiert definierten Anforderungen Rechnung zu tragen. Deshalb ist die Frage zu beantworten, ob die Mitarbeiter die **Unterstützung** erfahren, die notwendig ist, um ein Brand Behavior zu zeigen. Schließlich reicht das Wissen des Mitarbeiters um die gebotene Kundenlösung nicht aus, wenn die dafür notwendigen Schritte durch die Mitarbeiter nicht eingeleitet werden können, weil das Unternehmen die dafür notwendigen Systeme nicht bereitstellt. Für die Entstehung des markenkonformen Mitarbeiterverhaltens ist folglich nicht nur ein Gleichklang von Wissen, Commitment und Fähigkeit notwendig, sondern auch eine Unterstützung durch die notwendigen strukturellen Systeme. Jedes Unternehmen ist gut beraten, die eigene Organisation und die darin agierenden Mitarbeiter im Hinblick auf das Vorliegen der notwendigen Bedingungen für die Erreichung eines Internal Branding zu analysieren.

Eine unverzichtbare Voraussetzung für den Aufbau von Brand Behavior stellt die möglichst umfassende Beschreibung dessen dar, was die Marke auszeichnet. Hierzu kann bspw. der **Markenidentitätsansatz** zum Einsatz kommen (vgl. Abb. 2.13). Die **Markenattribute** umfassen die sachlichen Eigenschaften des Unternehmens, eines Angebotes oder der Marke selbst. Sie können mit der Frage erfasst werden, über welche Eigenschaften die Marke verfügt. Aus den Attributen kann der rationale **Markennutzen** abgeleitet werden. Dieser ergibt sich aus der kundenorientierten Frage, was angeboten wird. Die **Markentonalität** bezieht sich stärker auf die emotionalen Komponenten der Marke und kann durch die Frage

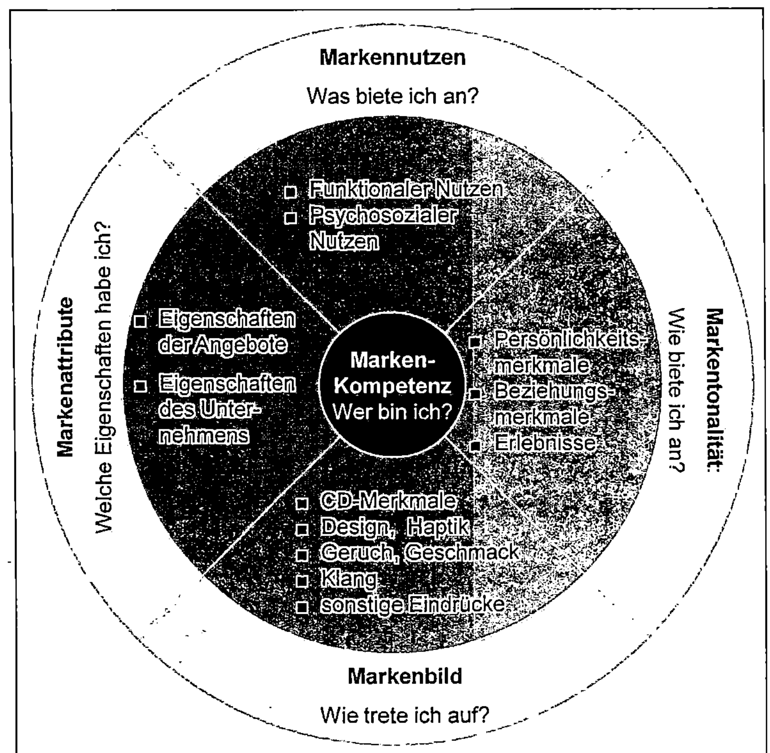

Abb. 2.13 Markenidentitätsansatz. (Quelle: In Anlehnung an Esch et al. 2005, S. 121)

erschlossen werden, wie etwas angeboten wird. Das **Markenbild** selbst umfasst die unmittelbar erlebbaren Dimensionen der Marke; diese können durch die Frage nach dem Auftritt der Marke erhoben werden (vgl. Esch et al. 2005, S. 120 f.). Die interne Kommunikation zur Vermittlung der zentralen Elemente der Marke kann auf einem solchen Markenidentitätsansatz aufsetzen. Damit dieser seine Wirkung entfalten kann, darf dieser nicht als „Geheimnis des Markenmanagements" gehütet, sondern muss offensiv ins Unternehmen vermittelt werden.

Ist die **Serviceorientierung** ein zentraler Bestandteil der Markenwerte, so ist bspw. zu prüfen, welche Systeme den **Mitarbeiter im Customer-Service-Center** zu deren Erreichung zur Verfügung stehen. Denn selbst ein hoch motivierter und gut geschulter Mitarbeiter muss scheitern, wenn er auf ein dem Kunden unterbreitetes Angebot nicht zugreifen oder werblich vermittelte Konditionen nicht gewähren kann, weil hierfür die notwendige Autorisierung fehlt. Wie anders kann

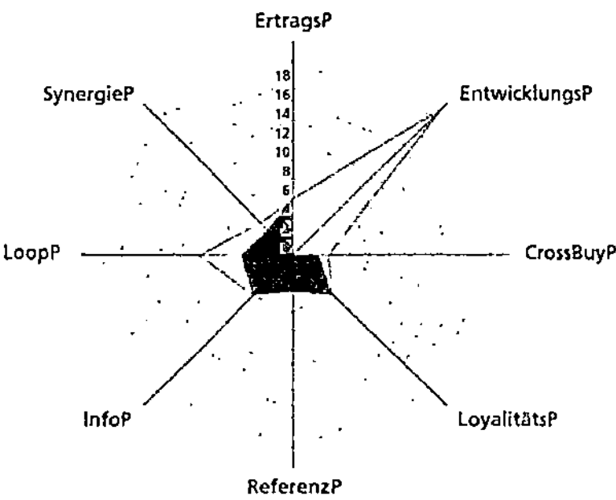

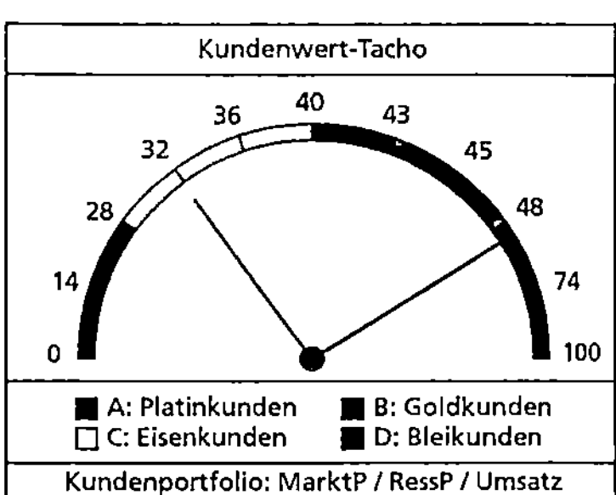

In beiden Beispielen sind Vergleichswerte (Durchschnitt, andere Kunden) grün dargestellt

Abb. 2.14 Dashboard. (Quelle: Hertrich et al. 2008; vertiefend Kreutzer 2009, S. 316–325)

dagegen ein Mitarbeiter agieren, dem zu Beginn einer Fallbearbeitung weitere Informationen zur Entscheidungsunterstützung bereitgestellt werden. Diese können sich auf ein „Next best offer" beziehen, d. h. darauf, welches Angebot aufgrund von Analysen bei diesem Kunden die höchste Abschlusswahrscheinlichkeit aufweist und deshalb unterbreitet werden sollte. Informationen für den Mitarbeiter können – orientiert am Kundenwert – auch die Möglichkeit einer großzügigen Kulanzgewährung hinweisen oder darauf, den Kunden im laufenden Dialog um ein paar weitere Informationen zur Abrundung des Informationsprofils zu bitten. Ein weiterführendes Konzept stellt den Mitarbeitern ein **Dashboard** (zu Deutsch Armaturenbrett) für die Kundenbetreuung zur Verfügung (vgl. Abb. 2.14). Ein solches führt dazu, dass schnell die angemessenen kundenorientierten Tendenzen und Handlungen erkannt werden können, um darauf adäquat zu reagieren. So kann bspw. das Cross-Sell-Potenzial, aber auch das Loyalitäts- und Referenzpotenzial erkannt und dem Service-Mitarbeiter für sein Gespräch kundenindividuell angezeigt werden.

Ein zentraler Aspekt der systemischen Umsetzung eines Internal-Branding-Konzepts ist das **unternehmensinterne Ideenmanagement.** Nur gut informierte und motivierte Mitarbeiter nehmen die Herausforderung an, sich aktiv an der innovativen Weiterentwicklung des Unternehmens bzw. der Marken zu beteiligen. Einen besonders mutigen Weg beschritt man bei einem Zigarrenhersteller mit dem *Dannemann Innovations-Programm.* Die zentrale Botschaft dieses Programms lag darin, dass derjenige, der einen Einfall hat, diesen auch selbst umsetzen sollte. Auf diese Weise wollte man verhindern, dass gute Ideen in der Bürokratie hängen bleiben, getreu der Erfahrung: „Eine gute Idee in den Briefkasten einzuwerfen, und dann passiert nichts, das ist doch für die Mitarbeiter demotivierend" (Großer 2006, S. 2). Bei *Dannemann* wurde dieser Briefkasten durch Mentoren als Anlaufstelle ersetzt. Diese sind Mitarbeiter unterschiedlicher Unternehmensbereiche und Hierarchieebenen und fungieren als Gesprächspartner bei neuen Ideen. Umgesetzt werden diese in einem Team, welches der Ideengeber zusammenstellt. Dabei zeigt sich hinsichtlich des **Anreizmechanismus** für den Ideengeber einmal mehr: „Wichtiger als Geld ist den meisten das Gefühl, ernst genommen zu werden. Nicht hinnehmen müssen, sondern ändern können" (Großer 2006, S. 4). Auf diese Weise kann ein wichtiger Beitrag zum Internal Branding geleistet werden, weil Mitarbeiter aktiv an der Weiterentwicklung der Marke mitwirken können.

Durch diese Beispiele wird deutlich, dass es kein Ziel von Internal Branding sein kann, dem eigenen Personal lediglich beizubringen, eine bestimmte Rolle zu spielen und nur statisches, an engen Vorschriften orientiertes Verhalten an den Tag zu legen. Daher sollte das Wissen über und das Agieren für Unternehmen und Marke gleichermaßen rationale und emotionale Aspekte abdecken. Nur wenn es gelingt, ein mit positiven Assoziationen verbundenes Markenbild als Identifikationsanker in den Köpfen der eigenen Mitarbeiter und Führungskräfte zu festigen, werden sich diese zu Markenbotschaftern mit Passion entwickeln (vgl. Kreutzer und Salomon 2009, S. 25 f.).

2.6 Controlling des Internal Branding

Wenn Unternehmen die **interne Effizienzreserve der Mitarbeiter** erschließen und ein dauerhaft **markenorientiertes Verhalten** sicherstellen möchten, müssen dafür auch die relevanten Steuerungsinformationen vorhanden sein. Hierzu sind die entsprechenden Ziele zu definieren und Messkriterien (KPIs für Key-Performance Indicators) festzulegen, mit deren Hilfe kritische Veränderungen bei den Mitarbeitern festgestellt werden können.

Da das Erreichen von Brand Behavior in erster Linie eine psychologische Zielgröße darstellt, ist das Ergebnis nicht unmittelbar an betriebswirtschaftlichen Kennzahlen messbar, weil auf diese viele weitere Einflussfaktoren einwirken. Als methodisches Werkzeug, um verschiedene Perspektiven gleichzeitig zu berücksichtigen, eignet sich die bereits beschriebene Balanced Scorecard. Vor diesem Hintergrund ist die **Mitarbeiterperspektive** in den **Balanced Scorecard-Konzepten** nachhaltig zu integrieren (vgl. Kreutzer 2010, S. 144–148). So wird zum einen die Orientierung des Unternehmens an mehreren Zielsetzungen deutlich (inkl. der

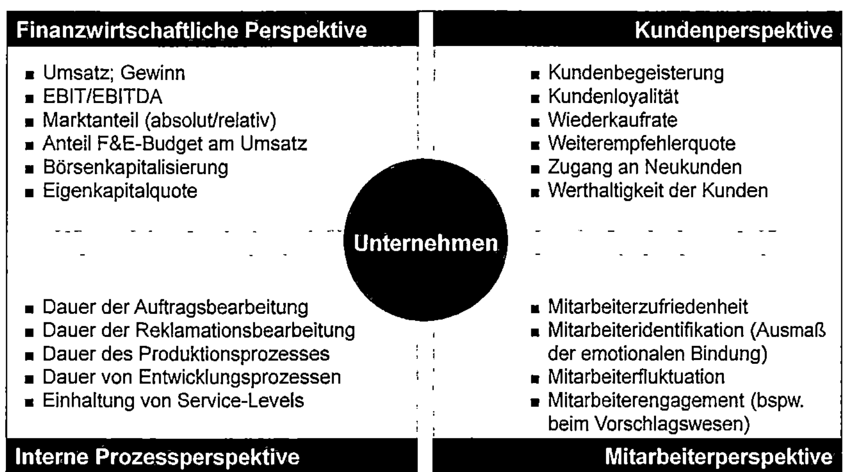

Abb. 2.15 Balanced Scorecard zum Controlling des Internal Branding

Perspektive eines Internal Branding). Zum anderen kann die Balanced Scorecard genutzt werden, um diese Ziele auf breiter Basis im Unternehmen zu kommunizieren und damit ein Informationsinstrument für die Kommunikation nach innen darzustellen (vgl. Abb. 2.15).

Um die relevanten Informationen bzgl. der Mitarbeiterperspektive zu gewinnen, bieten sich periodisch durchgeführte Mitarbeiterbefragungen, Mystery-Shopping-Einsätze, Kundenbefragungen über die erlebte Mitarbeiterqualität und interne Leistungsbeurteilungen an. Letztere können in Form der Aufwärtsbeurteilung (Mitarbeiter bewerten in anonymer Form ihre Führungskraft), der Beurteilung von Gleichgestellten (Mitarbeiter, die hierarchisch gleichgestellt sind, bewerten sich gegenseitig) sowie dem 360-Grad Feedback (Bewertung durch Mitarbeiter gleicher, nachgeordneter und übergeordneter Ebene sowie durch Kunden) erfolgen (vgl. Scholz 2000, S. 432–452).

Um den Erfolg beim Aufbau des Internal Branding in seinen verschiedenen Facetten zu erfassen, müssen die festgelegten Ziele aus der Planungsphase als Soll-Werte in regelmäßigen Abständen mit den bereits erreichten Ist-Werten abgeglichen werden. Um die Wirkung der ergriffenen Maßnahmen zu gewährleisten, erfolgt die Kontrolle der Zielerreichung nicht erst am Ende, sondern prozessbegleitend. Dadurch wird es möglich, Abweichungen rechtzeitig zu erkennen und frühzeitig Strategien und Maßnahmen zu modifizieren oder Gegenmaßnahmen zu ergreifen. Hierzu kann bspw. das in Abb. 2.16 gezeigte **Marken-Identifikations-Portfolio** beitragen (vgl. Kernstock 2008, S. 26 f.). In diesem lassen sich die Mitarbeiter – etwa basierend auf einer Mitarbeiterbefragung – hinsichtlich des

Abb. 2.16 Marken-Identifikations-Portfolio. (Quelle: In Anlehnung an Kernstock 2008, S. 27)

eigenen Markenverständnisses sowie der wahrgenommenen Verpflichtung gegenüber der Marke klassifizieren. Interessant ist dabei, wenn eine solche Auswertung bereichs- oder abteilungsbezogen erfolgt, um unterschiedliche Ausprägungen der Grundlagen eines Brand Behavior zu ermitteln. Auf diesen aufbauend können entsprechende Maßnahmen des Personalmanagements initiiert und Anpassungen des Führungsverhaltens bzw. Weiterentwicklungen in der internen Kommunikation sowie bei den eingesetzten Systemen erfolgen.

Ein vom *Gallup-Institut* entwickelter Ansatz verbindet die interne mit der externen Perspektive, um sowohl die Wahrnehmung der Mitarbeiter als auch der Kunden in die Bewertung zu integrieren. Hierzu wurde ein international einsetzbarer Fragebogen erarbeitet, um die Faktoren **Employee Engagement** (i. S. des Mitarbeitereinsatzes) und **Customer Engagement** (i. S. einer Kundenbindung) zu messen (vgl. Fleming et al. 2005). Durch dessen Einsatz kann der Wert dieser Faktoren für einzelne Geschäftsfelder, Vertriebsbereiche oder ganze Unternehmen ermittelt und untereinander oder mit ähnlichen Einheiten anderer Unternehmen verglichen werden. Dabei kommen zur Ermittlung des Employee Engagement u. a. die folgenden Statements zum Einsatz:

- Ich werde als Mensch geschätzt.
- Ich weiß, was von mir erwartet wird.

- Ich habe optimale Arbeitsbedingungen und Materialien.
- In den letzten sieben Tagen gab es Anerkennung für gute Arbeit.
- Meine Meinung hat Gewicht.
- Das Unternehmensziel gibt mir das Gefühl, dass meine Arbeit wichtig ist.
- Ich habe mich in den letzten Jahren weiterentwickelt und dazugelernt.

Welche Konstellationen sich hinsichtlich des Employee Engagement in Verbindung mit dem Customer Engagement einstellen können, zeigt das **Engagement-Portfolio** (vgl. Abb. 2.17). Danach ist eine Ausgewogenheit zwischen beiden Dimensionen anzustreben. Unternehmen oder Abteilungen, die im Feld I liegen, schöpfen ihr Potenzial bei weitem nicht aus, weder bei den Kunden noch bei den Mitarbeitern. Auch eine Position in den Feldern II und III steht für „Underperforming". Im Feld II sind die Mitarbeiter zwar hoch motiviert, kümmern sich aber nicht ausreichend um die Kunden. Hier mangelt es an Fähigkeiten oder Motivation – oder auch an beidem. Im Feld III erbringen die Mitarbeiter zwar eine gute Leistung, werden aber nicht ausreichend vom Unternehmen unterstützt und reiben sich selbst im Kundenkontakt auf. Hier zeigt sich ein Mangel in der systemischen Unterstützung. Studien von *Gallup* zeigen, dass ein Leistungsoptimum (gemessen an den finanziellen Ergebnissen des Unternehmens) erst im Feld IV erreicht wird, in dem eine **Ausgewogenheit zwischen Customer und Employee Engagement**

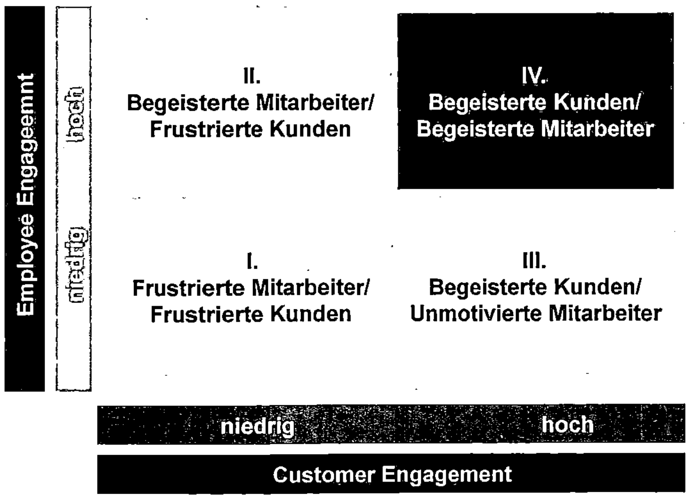

Abb. 2.17 Engagement-Portfolio zur Beziehung zwischen Employee Engagement und Customer Engagement. (Quelle: In Anlehnung an Fleming et al. 2005, S. 7)

gegeben ist (vgl. Fleming et al. 2005; Stauss 2006, S. 73; speziell zum Customer Engagement McEwen 2005, S. 99–106).

Anhand dieser Konzepte wird nachvollziehbar, warum der Prozess zum Aufbau eines Brand Behaviors systematisch überwacht werden muss. Die auf diese Weise gewonnenen Erkenntnisse zeigen Handlungsfelder auf, die zu bearbeiten sind. Dabei kann deutlich werden, dass die für den Ausbau des Internal Branding erforderlichen Investitionen bereits kurzfristig durch positive Effekte eines größeren Engagements der Mitarbeiter oder Kunden überkompensiert werden. Denn verschiedene Studien zeigen zum einen den **positiven Zusammenhang zwischen der Mitarbeiterzufriedenheit und der Loyalität zum bzw. dem Arbeitseinsatz im Unternehmen.** Zum anderen wird eine **positive Beziehung zwischen der Mitarbeiterzufriedenheit und der Kundenorientierung** deutlich (vgl. Samhoud et al. 2005, S. 15, 72).

Bei konsequenter Umsetzung eines Internal Branding bewahrheiten sich die Thesen:

- **Zufriedene Kunden durch zufriedene Mitarbeiter.**
- **Loyale Kunden durch loyale Mitarbeiter.**

Was Sie aus diesem Essential mitnehmen können

- Verschafft einen umfassenden Einblick in das Internal Branding als zentralen Baustein des Corporate Reputation Management.
- Zeigt, wie Unternehmen Uniqueness über die UPP (Unique Passion Proposition) und damit durch Leidenschaft eine Marketing-Excellence für das Unternehmen erreichen können.
- Demonstriert den Dreiklang von Kunden-, Vertriebs- und Markenorientierung zur Erreichung des angestrebten Brand Behaviors und somit der Corporate Reputation.
- Erläutert die Notwendigkeit von strukturellen Systemen im Unternehmen zur Unterstützung des Gleichklangs von Wissen, Commitment und Fähigkeit im Mitarbeiterverhalten.
- Gibt praxisorientierte Anwendungsbeispiele für Instrumente zur Wissensvermittlung für Mitarbeiter und weitere Stakeholder sowie konkrete Beispiele für KPI's zum Controlling des Internal Branding.

© Springer Fachmedien Wiesbaden 2014

R. T. Kreutzer, *Internal Branding,* essentials, DOI 10.1007/978-3-658-06889-9

Literatur

Augustin S (2004) Bedeutung der Mitarbeiter in einer Supply-Chain-orientierten Umwelt. In: Rosenstiel L von, Pieler D, Glas P (Hrsg) Strategisches Kompetenzmanagement, Von der Strategie zur Kompetenzentwicklung in der Praxis. Gabler, Wiesbaden, S 114–126

Brexendorf TO, Tomczak T, Kernstock J, Henkel S, Wentzel D (2008) Der Einsatz von Instrumenten zur Förderung von Brand Behavior. In: Tomczak T, Esch F-R, Kernstock J, Herrmann A (Hrsg) Behavioral Branding, Wie Mitarbeiterverhalten die Marke stärkt. Gabler, Wiesbaden, S 315–349

Brinkmann RD, Stapf KH (2005) Innere Kündigung. Beck, München

Bruch J (2012) Aktives Corporate Reputation Management durch konsequentes Markenkontaktpunkt-Management – das Beispiel TeamBank. In: Wüst C, Kreutzer RT (Hrsg) Corporate Reputation Management, Wirksame Strategien für den Unternehmenserfolg. Gabler, Wiesbaden, S 329–340

Bruhn M (Hrsg) (1999) Internes Marketing, Integration der Kunden- und Mitarbeiterorientierung, Grundlegen – Implementierung – Praxisbeispiele, 2. Aufl. Gabler, Wiesbaden

Bruhn M (2001) Notwendigkeit eines Internen Marketing für Dienstleistungsunternehmen. In: Bruhn M, Meffert H (Hrsg) Handbuch Dienstleistungs-Management, 2. Aufl. Gabler, Wiesbaden, S 705–731

Burmann C, Zeplin S (2005) Innengerichtetes identitätsbasiertes Markenmanagement. In: Meffert H, Burmann C, Koers M (Hrsg) Markenmanagement, Identitätsorientierte Markenführung und praktische Umsetzung, 2. Aufl. Gabler, Wiesbaden, S 115–139

Burns JM (1978) Leadership. Harper and Row, New York

Casanova M (2001) Corporate and Personal Branding durch Impression Management. St. Gallen Bus Rev 12–20. http://www.branding-institute.ch/pdf/corporate.pdf. Zugegriffen: 1. Aug. 2008

Deutsche Employer Branding Akademie (2007) Definition employer branding. http://www.employerbranding.org/thema1.php. Zugegriffen: 11. Juni 2008

Eckstaller C (2001) Personalmanagement als Motor für Innovationen. Personalmanagement als Motor für Innovationen. Management Akademie, Lindau

Ellingsen T, Johannesson M (2007) Paying respect. J Econ Perspect 21(4/2007):135–149

Esch F-R (2006) Leben die Mitarbeiter ihre Marke? FAZ 1/2006:20

Esch F-R, Vallaster C (2004) Mitarbeiter zu Markenbotschaftern machen, Erfolg durch konsequente Führung. Markenartikel 66(2/2004):8–12, 46–47

© Springer Fachmedien Wiesbaden 2014

R. T. Kreutzer, *Internal Branding,* essentials, DOI 10.1007/978-3-658-06889-9

Esch F-R, Vallaster C (2005) Mitarbeiter zu Markenbotschaftern machen: Die Rolle der Führungskräfte. In: Esch F-R (Hrsg) Moderne Markenführung, Grundlagen – Innovative Ansätze – Praktische Umsetzungen, 4. Aufl. Gabler, Wiesbaden, S 1009–1020

Esch F-R, Knörle C (2008) Führungskräfte als Markenbotschafter. In: Tomczak T, Esch F-R, Kernstock J, Herrmann A (Hrsg) Behavioral Branding, Wie Mitarbeiterverhalten die Marke stärkt. Gabler, Wiesbaden, S 353–365

Esch F-R, Strödter K (2008) Aufbau des Markencommitment in Abhängigkeit des Mitarbeiter-Marken-Fits. In: Tomczak T, Esch F-R, Kernstock J, Herrmann A (Hrsg) Behavioral Branding, Wie Mitarbeiterverhalten die Marke stärkt. Gabler, Wiesbaden, S 143–159

Esch F-R, Langner T, Rempel JE (2005a) Ansätze zur Erfassung und Entwicklung von Markenidentität. In: Esch F-R (Hrsg) Moderne Markenführung, Grundlagen – Innovative Ansätze – Praktische Umsetzungen, 4. Aufl. Gabler, Wiesbaden, S 103–129

Esch F-R, Rutenberg J, Strödter K, Vallaster C (2005b) Verankerung der Markenidentität durch Behavioral Branding. In: Esch F-R (Hrsg) Moderne Markenführung, Grundlagen – Innovative Ansätze – Praktische Umsetzungen, 4. Aufl. Gabler, Wiesbaden, S 985–1008

Esch F-R, Fischer A, Hartmann K (2008) Abstrakte Markenwerte in konkretes Verhalten übersetzen. In: Tomczak T, Esch F-R, Kernstock J, Herrmann A (Hrsg) Behavioral Branding, Wie Mitarbeiterverhalten die Marke stärkt. Gabler, Wiesbaden, S 163–177

Fleming JH, Coffman C, Harter JK (2005) Manage your human sigma. Harv Bus Rev 83(7):106–114

Fog K, Budtz C, Yakaboylu B (2005) Storytelling. branding in practice. Springer, Berlin

Forster A, Erz A, Jenewein W (2008) Employer Branding: Ein konzeptioneller Ansatz zur markenorientierten Mitarbeiterführung. In: Tomczak T, Esch F-R, Kernstock J, Herrmann A (Hrsg) Behavioral Branding, Wie Mitarbeiterverhalten die Marke stärkt. Gabler, Wiesbaden, S 277–294

Gallup (2011) Engagement Index 2010 im internationalen Vergleich, Berlin. eu.gallup.com/berlin/118645/gallup-engagement-index.aspx

Gallup (2013) Engagement Index Deutschland 2012. http://www.gallup.com/strategicconsulting/160904/praesentation-gallup-engagement-index-2012.aspx. Berlin. Zugegriffen: 27. April 2014

Gallup (2014) Engagement Index Deutschland 2013, Berlin http://www.gallup.com/strategicconsulting/168167/gallup-engagement-index-2013.aspx. Zugegriffen: 27. April 2014

Gössing L (2005) Der Psychologische Vertrag. Saarbrücken

Goldfuß J (2006) Chef aus Verlegenheit. HB, Karriere und Management 2/2006:1

Green MC, Brock TC (2000) The role of transportation in the persuasiveness of public narratives. J Personal Soc Psychol 79(5/2000):701–721

Gross SF (2002) Beziehungsintelligenz – Talent und Brillanz im Umgang mit Menschen. Redline Wirtschaft, München

Großer T (2006) Es riecht nach Revolution. enable 1/2006:2

Gulnerits K (2008) Viele Mitarbeiter wissen nicht, wohin die Reise geht. Wirtschaftsblatt, 26.06.2008. http://www.wirtschaftsblatt.at/home/service/karriere/332738/index.do?_vl_pos=r.2.MOST. Zugegriffen: 23. Juli 2008

Haller S (2010) Dienstleistungsmanagement, Grundlagen – Konzepte – Instrumente, 4. Aufl. Gabler, Wiesbaden

Hartmann JA (2012) Employer Branding als Transmissionsriemen des Corporate Reputation Managements. In: Wüst C, Kreutzer RT (Hrsg) Corporate Reputation Management, Wirksame Strategien für den Unternehmenserfolg. Gabler, Wiesbaden, S 181–192

Henkel S, Tomczak T, Kernstock J, Wentzel D, Brexendof TO (2008a) Das Behavioral-Branding-Konzept, Leitlinie für das Management von Brand Behavior. In: Tomczak T, Esch F-R, Kernstock J, Herrmann A (Hrsg) Behavioral Branding, Wie Mitarbeiterverhalten die Marke stärkt. Gabler, Wiesbaden, S 199–211

Hertrich R, Graf R, Krüger T (2008) Kunde – wie viel bist du wert? BI-Spektrum 1/2008

Homburg C (2006) Kundenorientierung als Managementherausforderung, Vortrag an der FHW. Berlin

Homburg C, Krohmer H (2009), Marketingmanagement, Strategie – Instrumente – Umsetzung – Unternehmensführung, 3. Aufl. Gabler, Wiesbaden

Homburg C, Stock R (2000) Der kundenorientierte Mitarbeiter, Bewerten – Begeistern – Bewegen. Gabler, Wiesbaden

Homburg C, Stock R (2001) Der Zusammenhang zwischen Mitarbeiter- und Kundenzufriedenheit. Zeitschrift für Betriebswirtschaftslehre 71(7/2001):789–806

Homburg C, Stock R (2002) Führungsverhalten als Einflussgröße der Kundenorientierung von Mitarbeitern. Marketing ZFP 24(2/2002):123–138

Hubbard M (2004) Markenführung von innen nach außen, Zur Rolle der Internen Kommunikation als Werttreiber für Marken. Gabler, Wiesbaden

Kernstock J (2008) Behavioral Branding als Führungsansatz, Mit Behavioral Branding das Unternehmen stärken. In: Tomczak T, Esch F-R, Kernstock J, Herrmann A (Hrsg) Behavioral Branding, Wie Mitarbeiterverhalten die Marke stärkt. Gabler, Wiesbaden, S 3–33

Klingmann A (2007) Architektur und Marke: Raum als nachhaltiges Markenerlebnis. EDITIONMARKE, Intervention 02: Geburt von Marken. Berlin, S 149–161

Kreutzer R (2008) Passion – Der differenzierende Erfolgsfaktor mit Zukunft. In: Kreutzer R, Merkle W (Hrsg) Die neue Macht des Marketing – Wie Sie Ihr Unternehmen durch Emotion, Innovation und Präzision profilieren. Gabler, Wiesbaden. S 49–77

Kreutzer R (2009) Praxisorientiertes Dialog-Marketing, Konzepte – Instrumente – Fallstudien. Gabler, Wiesbaden

Kreutzer R (2010) Praxisorientiertes Marketing, Grundlagen – Instrumente – Fallbeispiele, 3. Aufl. Gabler, Wiesbaden

Kreutzer RT (2012) Corporate Reputation Management in den sozialen Medien. In: Wüst C, Kreutzer RT (Hrsg) Corporate Reputation Management, Wirksame Strategien für den Unternehmenserfolg. Gabler, Wiesbaden, S 251–281

Kreutzer R, Salomon S (2009) Internal Branding: Mitarbeiter zu Markenbotschaftern machen – dargestellt am Beispiel von DHL, Working Paper Nr. 45 des Institute of Management Berlin

Kreutzer R, Hartmann W, Kuhfuß H (2007) Marketing Excellence, Sieben Schlüssel zur Profilierung Ihrer Marketing Performance. Gabler, Wiesbaden

Lutz J (2006) Mit Infos die Getreuen belohnen. HB, Karriere und Management 3/2006:2

Maitland A (2006) How to put ideas to work. FT 5/2006:23

McEwen WJ (2005) Married to the brand, why consumers bond with some brands for life. Gallup Press, New York

Milla J (2007) Markenräume als Geburtshelfer einer Marke? – Bilder und Gedanken. EDITIONMARKE, Intervention 02: Geburt von Marken. Berlin, S 134–148

Morhart F, Jenewein W, Tomczak T (2008) Mit transformationaler Führung das Brand Behavior stärken, erschienen. In: Tomczak T, Esch F-R, Kernstock J, Herrmann A (Hrsg) Behavioral Branding, Wie Mitarbeiterverhalten die Marke stärkt. Gabler, Wiesbaden, S 367–384

Nagel R, Wimmer R (2002) Systemische Strategieentwicklung, Modelle und Instrumente für Berater und Entscheider. Klett-Cotta, Stuttgart

Nuneva AM (2012) Corporate Reputation Management bei der Heidelberger Druckmaschinen AG. In: Wüst C, Kreutzer RT (Hrsg) Corporate Reputation Management, Wirksame Strategien für den Unternehmenserfolg. Gabler, Wiesbaden, S 299–327

Rudolph T (2005) Modernes Handelsmanagement, Eine Einführung in die Handelslehre. Pearson Studium, München

Samhoud S, Loo H van der, Geelhoed J (2005) Lust & Leistung, Mitarbeiter motivieren in schwierigen Zeiten. Wiley-VCH, Weinheim

Schauer C (2008) Mitarbeiter als Markenbotschafter – mit Leidenschaft die Marke vertreten. In: Kreutzer R, Merkle W (Hrsg) Die neue Macht des Marketing – Wie Sie Ihr Unternehmen durch Emotion, Innovation und Präzision profilieren. Gabler, Wiesbaden, S 79–98

Schmidt HJ (2007) Internal Branding: Wie Sie Ihre Mitarbeiter zu Markenbotschaftern machen. Gabler, Wiesbaden

Scholz C (2000) Personalmanagement, 5. Aufl. Vahlen, München

Statista (2013a) Anzahl der Erwerbstätigen im Dienstleistungssektor in Deutschland von 2007 bis 2012. de.statista.com/statistik/daten/studie/255140/umfrage/erwerbstaetige-im-dienstleistungssektor/. Zugegriffen: 27. April 2014

Statista (2013b) Entwicklung der Erwerbstätigen im tertiären Sektor (Dienstleistungen) in Deutschland in den Jahren 1991 bis 2012. de.statista.com/statistik/daten/studie/255725/umfrage/entwicklung-der-erwerbstaetigen-im-tertiaeren-sektor-in-deutschland/. Zugegriffen: 27. April 2014

Statista (2014) Anzahl der Erwerbstätigen in Deutschland nach dem Inländerkonzept in den Jahren von 1991 bis 2013. de.statista.com/statistik/daten/studie/3267/umfrage/anzahl-der-erwerbstaetigen-in-deutschland-seit-dem-jahr-1991/. Zugegriffen: 27. April 2014

Statistisches Bundesamt (2014) Institut für Arbeitsmarkt und Berufsforschung (IAB): Daten zur kurzfristigen Entwicklung von Wirtschaft und Arbeitsmarkt. Wiesbaden 4/2014

Stauss B (2006) Eigeninitiative kommt an. acquisa 4/2006:72 f.

Steinmann H, Schreyögg G (2002), Management – Grundlagen der Unternehmensführung, 5. Aufl. Gabler, Wiesbaden

Tilger C (2012) Vision und Werte – Grundlage der Corporate Reputation von Henkel. In: Wüst C, Kreutzer RT (Hrsg) Corporate Reputation Management, Wirksame Strategien für den Unternehmenserfolg. Gabler, Wiesbaden, S 285–297

Tomczak T, Brexendorf TO (2003) Wie viel Brand Manager hat ein Unternehmen wirklich? Persönlich – Die Zeitschrift für Marketing und Unternehmensführung 1/2003:58–59

Tomczak T, Herrmann A, Brexendorf T, Kernstock J (2005) Behavioral Branding – Markenprofilierung durch persönliche Kommunikation. Thexis 22(1/2005):28–31

Wentzel D, Tomczak T, Herrmann A (2008) Storytelling im Behavioral Branding. In: Tomczak T, Esch F-R, Kernstock J, Herrmann A (Hrsg) Behavioral Branding, Wie Mitarbeiterverhalten die Marke stärkt. Gabler, Wiesbaden, S 405–417

Wüst C, Kreutzer R.T. (Hrsg.) (2012), Corporate Reputation Management, Wirksame Strategien für den Unternehmenserfolg, Wiesbaden